住宅产业生态价值链系统
及其价值分配研究

李玲燕/著

科学出版社

北京

内 容 简 介

住宅产业的生态化发展不仅需要产业链内各个主体密切协作、平稳创造价值，还需要合理分配价值、共享产业价值。因此，深入挖掘住宅产业生态价值链系统的价值增值，探索住宅产业生态价值链系统的价值分配问题，是住宅产业生态化发展行之有效的发展路径。本书系统介绍了住宅产业生态价值链系统及其价值分配的成果研究，具体内容包括当前住宅产业价值链概述及价值分配现状剖析、住宅产业生态价值链系统构建、住宅产业生态价值链系统的作用机理及价值运作探析、住宅产业生态价值链系统价值增值研究、住宅产业生态价值链系统价值分配研究等。

本书可作为高等院校科研人员和住宅产业领域相关技术人员的参考用书，也可作为工程经济与管理等相关专业研究生的参考用书，还可作为政府相关职能部门的参考用书。

图书在版编目（CIP）数据

住宅产业生态价值链系统及其价值分配研究 / 李玲燕著. —北京：科学出版社，2018.8

ISBN 978-7-03-057332-2

Ⅰ. ①住… Ⅱ. ①李… Ⅲ. ①住宅产业–研究–中国 Ⅳ. ①F299.233

中国版本图书馆 CIP 数据核字（2018）第 092518 号

责任编辑：徐　倩 / 责任校对：王晓茜
责任印制：吴兆东 / 封面设计：无极书装

科 学 出 版 社 出版
北京东黄城根北街 16 号
邮政编码：100717
http://www.sciencep.com
北京虎彩文化传播有限公司 印刷
科学出版社发行　各地新华书店经销
*
2018 年 8 月第 一 版　开本：720 × 1000　1/16
2018 年 8 月第一次印刷　印张：9
字数：181 000
定价：80.00 元
（如有印装质量问题，我社负责调换）

前　　言

住宅产业的生态化发展不仅需要产业链内各个主体密切协作、平稳创造价值，还需要合理分配价值、共享产业价值。而当前住宅产业缺乏公平、竞争有序的市场秩序，产业链之间的依存度和成熟度偏低，产业价值分配不合理等问题严重制约着住宅产业的发展。

本书在陕西省软科学研究计划项目"陕西住宅产业化生态联盟系统及其价值创造研究"（2015KRM111）、陕西省教育厅科研计划项目"陕西住宅产业化联盟价值创造与分配研究"（13JK0109）与陕西省住房和城乡建设厅重点科技项目"陕西省城镇住房品质提升研究"（2017261）等课题的支持下，从住宅产业层面入手，在深入剖析住宅产业价值链发展及其价值分配现状的基础上，创建住宅产业生态价值链系统，应用自组织理论揭示住宅产业生态价值链系统的作用机理及价值运行机制，进而深入挖掘住宅产业生态价值链系统的价值增值，探索住宅产业生态价值链系统的价值分配问题，从而为住宅产业的生态化发展提供一套行之有效的发展路径。

本书研究创新性成果如下。

（1）梳理当前国内外典型住宅产业价值链系统结构，测算并揭示当前我国住宅产业价值分配的不合理性。基于产业价值链理论，分析住宅产业价值链的现有构成，归纳总结及对比分析中国香港、美国的住宅产业价值链系统以及我国当前存在的基本社会化、部分社会化、高度社会化等三种住宅产业价值链模式，并从产业价值链系统本土化、构建战略联盟合作方式、制定合理价值分配模式与加强产业生态化发展等方面凝练我国住宅产业价值链的发展要点；进而，运用住宅产业价值链价值分配测算模型，即熵权-模糊综合评价模型，结合调研数据测算我国住宅产业价值链的价值分配现状，揭示住宅产业价值分配的不合理性。

（2）将生态管理与住宅产业相结合，重构住宅产业价值链结构，创建住宅产业生态价值链这一住宅产业发展新模式，为促进住宅产业生态化发展提供指导。在透析当前住宅产业宏观调控政策及企业竞争力的基础上，利用产业生态管理、生态价值链以及产业价值链等理论，仿照生态系统的循环模式界定住宅产业生态价值链系统内涵及其基本模型，并从静态—动态—纵向—横向四个维度对住宅产业生态价值链系统进行深入解剖，从而丰富和发展价值链的一般分析框架。

（3）应用生态学中的自组织理论尤其是超循环理论来揭示住宅产业生态价值链系统的作用机理。从住宅产业的自组织特征入手，探析住宅产业生态价值链系统的非线性、开放性与随机涨落等特征；进而揭示出住宅产业生态价值链系统的超循环结构在受到价值主体的自我复制能力、变异与选择能力、价值主体间的耦合能力等三方面的作用下，进化的两个方向：第一，住宅产业生态价值链系统内部的超循环进化，促使产业链上各个价值主体整合成为一个协同进化、共享价值的系统；第二，住宅产业生态价值链系统与外界环境系统的超循环进化，促使产业与环境的协同发展。

（4）结合演化博弈理论与协同理论挖掘住宅产业生态价值链系统的价值增值，为住宅产业生态价值链系统的价值分配研究奠定基础。在利用演化博弈理论演绎住宅产业生态价值链系统价值增值历程的基础上，剖析住宅产业生态价值链系统中价值主体实现协同共生模式的过程；进而应用协同理论，从协同增值要素、资源增值要素、生态增值要素、技术增值要素、品牌增值要素、市场增值要素等方面挖掘住宅产业生态价值链系统的价值增值要素，并构建价值增值要素的增量净现金流量分部加总模型，从而为科学衡量住宅产业生态价值链系统价值增值提供新方法。

（5）利用委托-代理理论与合作对策理论来探索住宅产业生态价值链系统的价值分配机制及方法，为住宅产业价值合理分配提供指导。利用委托-代理理论对住宅产业生态价值链系统的价值分配机制进行模型构建与透析，得出价值分享比例与专业性努力付出、市场风险承担之间的关系；进而在利用合作对策理论构筑住宅产业生态价值链系统价值分配模型的基础上，综合利用 Shapley 值法、简化的最大最小费用（minimum cost-remaining saving，MCRS）法、最小核心（nucleolus）法、纳什谈判模型来寻求价值合理分配的途径与方法。

李玲燕

2018 年 4 月 20 日

目　录

第一章 导　　论

第一节　住宅产业发展现状

在我国，住宅产业是一个与人民生活和国民经济发展密切相关的综合性产业，其发展是一个曲折复杂的过程。1978 年，随着我国计划经济体制向市场经济体制的转变，在以市场为导向的经济实践中，住宅的商品属性逐渐显现出来，住宅产业也出现萌芽。20 世纪 90 年代以来，我国的住宅产业得到了迅速发展。尤其在 1998 年，随着住房体制改革的纲领性文件《国务院关于进一步深化城镇住房制度改革加快住房建设的通知》的颁布，住房实物分配制度真正转为住房分配货币化、住房供给商品化与社会化的住房新体制，我国的住宅市场也得到了蓬勃发展。从 2003 年开始，住宅市场不断升温，至 2007 年达到顶峰，而国家也不断加大宏观调控的力度，不断规范产业行为，力求产业在正常轨道发展。2008 年，虽然我国住宅市场受到全球金融危机与国家宏观调控政策的影响进入了市场低迷期，但在 2008 年下半年政府救市政策的推动下住宅市场又逐步回升，并进入下一轮的产业调整，意向不断完善行业制度，促进产业升级。

2011 年我国中小城市的住房出现持续滞销现象，住宅市场呈现出结构性过剩态势。进入 2014 年，我国住宅市场更是出现了：新建商品住房待售面积大幅增长，同时，销售量与销售额却出现负增长；全国 70 个大中城市中，房价环比上涨的城市从 1 月的 62 个下降到 6 月的 8 个，一线城市住房销量跌幅显著，中小城市住房持续滞销等现象。数据显示，2013 年 12 月底，我国新建商品住房待售面积 32 403 万平方米，同比增长 37.2%。到 2014 年 6 月底，我国新建商品住房待售面积增加至 35 917 万平方米，同比增长 25%。与此同时，2014 年 1～6 月，商品住房销售面积为 42 487 万平方米，同比增长-7.8%；商品住房销售额为 25 632 亿元，同比增长-9.2%。由此可见，我国的住宅市场已经出现结构性过剩的总体态势，房地产开发企业面临库存压顶、资金链断裂等困境，住宅产业发展已经由高速增长期转为低速增长期，进入新一轮产业调整周期。

随着我国经济体制转型和资源枯竭等问题的出现，在这个新一轮的住宅产业调整周期中，住宅产业在解决当前各地房地产开发企业库存压顶、资金链断裂、产业价值降低等困境的同时，必将围绕低环境负荷、低碳、可循环、绿色、环保、自主创新等概念的后工业化经济发展模式来探索住宅产业生态化的发展模式。然而，面对当前的产业发展瓶颈，我国住宅产业的生态化道路任重而道远。

第一，缺乏公平、竞争有序的市场秩序，住宅产业链之间的依存度和成熟度有待提高。产业价值链理论强调的是产业链上各个价值主体相互依存、相互影响的合作关系，以构成有效的战略联盟关系，但是在当前的住宅产业价值链中，产业上下游企业间的关系完全演变成了纯粹的"甲乙方"关系。例如，当产品设计方案意见出现偏差时，房地产开发企业往往处于强势地位，通常都是设计师向房地产开发企业妥协。因此，当前的住宅产业就缺乏一个公平、竞争有序的市场秩序，从而导致产业整体运行效率下降、交易费用增高、合约信用缺失、潜规则盛行等问题，不确定的人为因素不断地增加经营风险，产业整体发育不良。

第二，住宅产业价值分配不合理，产业资源无法得到有效的整合。住宅产业是资本密集型产业，而且我国现行的土地供给制度又决定了土地必然是住宅产业价值链的主导方向。因此，在住宅产业中掌握着资本与土地的价值主体掌握着大部分的价值。另外，房地产开发企业全程参与产业价值链的各个价值创造环节，也就享受着价值建设过程中的大部分利益。然而，产业链中其他的价值主体为了获得相对很少的价值利益而相互竞争，最后所能拥有的价值相当少。这种住宅产业价值分配不合理的现象，直接导致了产业链上各个企业无法通过一个公平的平台进行沟通合作，致使产业价值链发展扭曲化。同时，在现行住宅产业价值链的运行过程中，资金筹集与土地获取环节集聚了住宅产业价值链上最激烈的竞争，而住宅产业价值链上其他资源往往被忽视，继而导致住宅产业价值链上的资源无法得到有效整合与共享，也影响了住宅产业价值链上的价值分配结构，妨碍了产业的良性运转。

第三，住宅产业的生态化、可持续发展程度偏低。当前，我国的住宅产业尚未完成从传统"粗放型"运行模式转变为"集约型"的运行模式，其发展主要依赖于资源、能源的大量消耗和资金、人工的大量投入。经初步测算：住宅建设耗用的钢材占全国总用钢量的 20%，水泥用量占全国总用量的 17.6%，城市建成区用地的 30%用于住宅建设，城市水资源的 32%在住宅中消耗。全国实心黏土砖厂占地 450 万亩[①]，每年毁田 95 万亩，耗能 1 亿多吨标准煤；而据有关资料介绍，苏联 20 世纪 80 年代初黏土砖在墙体材料中的比重就已下降到了 37.9%；美国和日本黏土砖的使用比例分别在 15%和 3%以下。我国建筑用钢材和水泥的强度较低，与发达国家相比钢材消耗高出 10%～25%，每拌和 1 立方米混凝土要多消耗80 千克水泥。这些数据都说明当前我国的住宅产业对资源、能源的利用具有很大的改进空间。

第四，从当前的理论研究现状来看，住宅产业生态价值链的研究尚属空白，实现产业价值有效循环的能力有待加强。因为住宅产业是横跨第二、第三产业的

---

① 1 亩≈666.7 平方米。

产业链，所以住宅产业必须将整个产业链构建成为一个生态系统，研究建立上下游企业主体间的高效协同合作，以实现企业主体间物资、技术、信息的高效流转，不断挖掘和拓展产业价值的创造能力，并合理共享产业价值，逐步推进住宅产业的纵深发展。与此同时，住宅产业必须使整个产业链资源在一个循环的系统中共享，相关产业间协调运作，将一个产业的废弃物用作另一个产业的原材料，从而实现低开采、高利用、低排放，进而形成最优生产、最优消费、最少废弃的循环系统。

第二节　住宅产业生态价值链研究现状

一、住宅产业生态价值链研究现状评述

西方发达国家在 20 世纪 70 年代末产生了产业生态学（industrial ecology），从而为实现可持续发展提供了一条可行的道路。在将该学科引入我国的过程中，国内学者将产业生态这一术语动词化，提出了产业生态化的概念。随着迈克尔·波特的价值链理论的产生、发展及广泛的应用，产业生态化和价值链理论相结合，发展形成了产业生态价值链理论。

当前针对产业生态价值链方面的系统研究很少见，特别是针对住宅产业生态价值链的研究更少，所以只能从企业生态价值链、房地产产业生态价值链的相关研究中找寻值得深入研究的相关文献。例如，喻宏伟等（2007）就是利用迈克尔·波特的企业价值链从企业内部来界定生态价值链，认为生态价值链是对波特提出的价值链的重组和创新，是一种以生态价值为导向的企业组织协调与整合的集成制度创新，是运用循环经济的理论对价值链上的各项活动特别是关键环节以减量化、再使用和再循环等为原则进行改造与重组。吴冬梅（2008）从使用价值和非使用价值两部分来探讨企业生态价值链的构成，并指出生态价值是自然资源价值的重要组成部分，同其他环境要素一起构成环境价值。戴宪法（2011）从企业价值、员工价值和企业的社会价值构成三方面来界定企业的生态价值链，他认为这三者的相互作用和影响决定着企业的发展成效，企业科学的发展模式应该是能够实现企业价值、员工价值与企业的社会价值的和谐共进的发展模式。

房地产产业生态的概念是学者胡挺（2006；2007）首次提出的，他认为房地产产业生态是由不同的利益主体构成的复杂型生态系统，通过演化模型分析其动力机制与路径选择，在此基础上进一步建立房地产产业生态管理的简要分析框架。王俊（2009）将房地产产业生命周期与生态学中生态环境变化相结合，分析房地产产业链条上的每个环节中房地产开发商与外界利益相关者之间如何产生互动、协同作用，进而分析产业环境中各个利益相关者在不同产业周期对产业内部的影

响。但是他们关注的仅是房地产产业内的各个企业，未考虑房地产业与外界生态环境之间的关系。之后，学者也开始意识到外界环境对房地产业的重要性。倪篆（2010）认为房地产产业生态系统是指各个参与房地产业的房地产业群落为了生存发展，在以土地和自然资源为载体的基础上，通过房地产业的产业链条和资金链条分工合作密切联系，并与房地产产业生态环境（政府宏观调控）相互作用，形成具有一定结构、功能的动态平衡的有机整体。李德智（2011）将房地产产业生态化界定为：以房地产业的可持续发展为导向，以环境友好和低消耗、高利用、再循环为原则，以提供满足社会需求的环境友好型房地产产品为手段，实现房地产业内部以及房地产业与国民经济和自然环境共生进化的过程。胡挺（2011）将房地产产业生态重新界定为：以提供房地产产品的企业和组织的协同发展为基础的经济联合体。并认为房地产产业生态价值链主要包括核心价值链、扩展价值链、金融链和政策链，这四个价值链与互补产业和替代产业等要素形成错综复杂的价值网络。

二、住宅产业生态价值链价值创造研究现状评述

当前学者对价值创造理论的研究主要有以下两种观点。

1. 基于资源的观点

基于资源的观点（resource based review，RBV）是 Pertraf 等在 20 世纪 60 年代最早提出的。Rumelt（1991）和 Barney（1991）认为资源本身是有价值的、稀有的、不能完全模仿的和不可替代的，资源驱动战略的选择、战略的本质应该定义在企业独一无二的资源和能力上，企业的可持续竞争优势来自于企业所控制的资源和能力。Lippman 和 Rumelt（2003a）从微观经济学角度出发，认为价值创造的主体是资源，并提出运用支付代替经济利润、经济租或传统租，以避免基于资源的观点研究绩效与价值中存在的谬误的观点。同时 Lippman 和 Rumelt（2003b）还认为价值创造来自以技术诀窍、知识、社会资本和其他社会难以转化、复杂的资源为代表的自生资源，以及资源的合作过程，包括联合、处置、合并、获取、合资等合作方式。杜义飞（2005）认为基于战略研究的框架，原有基于企业内部的价值创造组织形式超越企业界限后，可以使价值活动和资源更好地联系起来；还可促进价值活动与资源更好地融合，使产业价值链形成创造价值的创新形式。

2. 基于价值活动的观点

Porter（1985）提出资源是实现企业绩效因果链中的一个中间物，企业资源可

以从环境中采购或者通过企业的绩效活动取得；实施战略不仅需要不同的、有效的技术与资源，还需要成功的组织管理、库存系统和控制程序，资源只是管理选择的需要。Porter 也在他的竞争战略框架中将价值创造活动置于最中心的地位，把企业看作通过寻找有利的战略定位来适应产业环境的一种战略活动。Collis 和 Montgomery（1998）也提出了"价值创造是合作战略的根本"的观点，同时认为企业价值主要由企业战略活动所创造；在此观点下，认为资源只是管理选择的需要，是附着在战略活动中的；资源的价值只在于其如何支持企业所追求的战略，企业获取资源只是为了实现战略活动的需要。谢恩和李垣（2003）提出各种组织关系形成的主因是价值活动的创新与重构，并认为联盟环境能促进组织创造价值的活动。

从以往研究者关于房地产产业价值创造的相关研究来看，可从中汲取一些经验。王宇（2002）认为房地产产业价值创造的根源是房地产企业核心竞争力的建设，房地产企业的核心竞争力是充分发挥软基础（知识技术）、硬基础（土地、人力等资源）在管理控制、资源整合、战略规划、品牌塑造等四个方面的建设。沈洪溥（2005）认为优化后的房地产价值链在形成包括调研、规划、开发、建设、销售、服务等行业的"价值大循环"基础上，将房地产开发商的地位降低为投资商，形成以客户为中心的市场需求发现环节（包含调研与规划部门）、设计投资环节（包含规划、开发部门）、建设开发环节（包含开发、建设、销售部门）、后端服务环节（包含销售、物业部门）等的价值小循环。曹志伟（2006）认为在房地产价值链中有四个利润增长阶段：投资决策阶段、产品研发阶段、项目建设阶段和销售经营阶段，且每个阶段都有很多增值环节。孙平（2007）认为房地产企业价值来源于企业的核心能力：房地产企业的知识积累，即在房地产开发、经营过程中形成的能带来超额利润，且不易被竞争对手效仿的独特的知识、资源、能力的有机融合。冯梓洋（2009）定性地分析了房地产价值链的价值创造和流转过程，分析了联盟企业的利益分配机制，最后认为合作双赢的顾客价值创造理念将是房地产业发展的必然选择。胡挺和周敏坚（2007）基于演化博弈视角构造演化博弈模型，分析房地产产业内部动态决策过程。

但是，从上述研究来看，多数仅定性地分析了房地产价值链内部的价值创造环节，都未针对其中的价值创造运作机制、价值创造要素以及创造的价值如何衡量等问题进行深入挖掘，而这些问题是直接指导产业价值链的理论支撑，所以不仅要在构建住宅产业生态价值链系统的基础上分析住宅产业生态价值链系统价值增值历程，还要用定性与定量相结合的方法来剖析系统的价值增值要素。

三、住宅产业生态价值链价值分配研究现状评述

价值分配理论基本依托于产业链理论与价值链理论。大多数研究都把企业作

为研究对象，关注企业成本，成本研究的实质是产业链上、下游企业价值链关系中价值分配的问题。在产业链上、下游企业组成的供应链中，企业与企业之间中间产品的定价问题也成为一个重点研究的内容，在产业价值链的上、下游关系中，企业的成本支出将成为上游企业的收入，所以中间产品的价格决定了供应链各企业的价值利润的分配。

Makowski 和 Ostroy（1995）通过对完美竞争的微观基础的深入研究开辟了战略思维的崭新视角，他们从分配的角度重新分析社会效率，将边际产出理论创造性地变为与商业战略有关的理论基础，提出竞争的完美性在于个体被完全分配其创造的价值，并不在于价格的接受机制。Brandenburger 和 Stuart（1996）在对商业战略基于价值的分析中，提出增加价值是参与方获取价值的必要条件（非充分条件）。Saloner 和 Podolny（2001）认为企业不仅创造价值，还能够分享其所创造的价值。唐小我（2002）系统地讨论了不存在外部市场条件下中间产品最优转移价格的确定方法。慕银平等（2003）在中间产品存在外部垄断的市场前提下，提出了中间产品价格歧视定价策略。张福利（2003）分析了公司关于中间产品转移价格决策的动态一致性问题，利用完全信息动态博弈确定了中间产品转移价格的问题。

产业价值链和供应链具有很多天然的相似性质。郑霖和马士华（2001）分析了价值链与供应链的关系：两者统一于企业运动中，都离不开具体的企业和活动；两者都属于增值链，都是由市场需求拉动的，且随市场变化而变化；企业间的竞争实质上是价值链间的竞争，也是供应链间的竞争；价值链决定供应链，供应链服从和服务于价值链；价值链研究可指导供应链研究，供应链研究又可促进和丰富价值链研究。Porter（1985）在 *Competitive Advantage* 中提出供应商价值链、企业价值链、渠道价值链和买方价值链构成了整个价值体系。因此，供应链具有产业价值链的属性，从而形成了一大批学者致力于研究供应链中的利益分配机制，值得借鉴学习。

郭敏和王红卫（2002）提出要实现供应链整体优化和协调就必须制订相应的激励机制与利益协调机制。廖成林和孙洪杰（2003）认为供应链的长期稳定发展及其竞争在很大程度上取决于供应链上利润分配机制设计是否合理，并在此基础上提出了均势供应链的观点。王效俐和安宁（2003）在追求供应链利润最大化的前提下，运用博弈论方法分析了供应链中制造商和零售商之间的利润分配策略。钟德强和仲伟俊（2004）采用博弈方法研究了获取决策优先权的零售商战略联盟对参与联盟的企业和整个供应链收益的影响。张川（2007）在修正、扩展供应链理论中中间产品定价模型的基础上，剖析了产业链价值分配中标准的作用机理，并深入分析了在无标准约束下的产业价值链、生产者驱动的产业价值链、购买者驱动的产业价值链等模式下的案例。

四、住宅产业生态价值链相关研究总结

根据住宅产业生态价值链及其价值创造与分配的研究可知，目前我国对住宅产业生态价值链系统的研究与实践尚处于摸索阶段，既没有与生态价值链相联系的住宅产业整合研究，也没有成功的可以效仿的能与住宅产业链有效协作的实例作为参考，更没有基于住宅产业的价值创造与分配方面的研究。而从住宅产业发展现状出发，构建一个真正意义上的住宅产业联盟，从而挖掘内在价值能力是促进我国住宅产业生态化、可持续发展的战略举措。所以，应从当前的住宅产业发展现状出发，在借鉴前人相关研究的基础上，利用产业生态管理、生态价值链等理论构建住宅产业生态价值链系统，为住宅产业生态化发展探索一种行之有效的发展模式，进而利用自组织理论摸清住宅产业生态价值链系统的作用机理和运行机制，从而挖掘住宅产业生态价值链系统的价值增值，最后探讨住宅产业价值如何进行合理分配的问题，为住宅产业实现生态化发展提供理论依据，以弥补当前理论研究的不足。

第三节 住宅产业生态价值链构建的重要意义

为了实现生态经济与住宅产业互动创建住宅产业生态化、可持续发展的新型模式，住宅产业生态价值链系统探索围绕产业生态化进行住宅产业链整合的主导模式。

从产业发展角度来看，当前的住宅产业尚未构建有利于产业发展的住宅产业生态系统，导致整个住宅产业链上的各相关企业主体的整合性、协同性、互动性、耦合性功能难以有效发挥，进而导致住宅产业化、生态化发展动力不足，严重影响了住宅产业的可持续发展。而利用产业生态系统、产业生态管理、生态价值链以及产业价值链等理论构建住宅产业生态价值链的系统结构是以住宅产业可持续发展为目标的新型发展模式，讲求产业价值最大化，是确保产业价值和产业资源在整个价值链上不断创造、增值、传递循环并与其他资源、环境的协调发展的动态循环系统，是实现住宅产业生态化发展的有效方式。

从资源角度来看，当前的住宅产业是一个能耗巨大的产业。目前民用建筑在建材生产、建造和使用过程中，能耗已占全社会总能耗的 49.5%左右，其中，建材生产能耗约占 20%，建造能耗约占 1.5%，使用能耗约占 28%。然而，我国面临的能源形势是非常严峻的，人均煤储量仅为世界平均水平的 50%左右，人均石油储量仅为世界平均水平的 11%，天然气的人均储量仅为全球

平均水平的 4.5%。这就要求住宅产业以资源的高效利用和循环利用为目标，按照自然生态系统中的物质循环和能量流动方式来发展循环经济、生态经济，大力提升住宅产业的绿色生产能力。而住宅产业生态价值链系统正是通过仿照生态系统的循环模式，以达到资源的循环利用、产业废料的排放最低化等目标的生态循环系统。

从环境保护角度来看，当前的住宅产业并未实现产业与环境的和谐共处，住宅建设与使用过程中带来了比较突出的大气污染、水污染、室内空气污染等问题。例如，在住宅建设中，严重破坏自然环境、大量采用不可再生资源、排放大量产业废弃物等现象非常普遍；住宅全装修比例非常低，不仅导致产业资源浪费，还造成工程质量隐患、环境污染等。这就要求住宅产业通过企业内部循环、产业循环、产业经济各部门相互协作来构建全新的生态价值链模式，使住宅产业发展对环境的污染和破坏降到尽可能低的程度，最终实现住宅产业与环境的协调发展。

一、理论意义

在住宅产业生态化缺乏的背景下，深入研究住宅产业生态价值链系统的构建及其价值挖掘与分配问题，对构建住宅产业新型模式，提高住宅产业生态化水平，丰富前沿科学问题的研究手段、方法和成果，具有重要价值。

（1）拓展住宅经济学的研究空间。在住宅产业生态价值链系统、价值增值和价值分配等方面丰富住宅经济学的研究内容。

（2）利用产业生态系统、产业生态管理、生态价值链、产业价值链等理论，全新界定住宅产业生态价值链系统的内涵，并从静态—动态—纵向—横向四个维度对住宅产业生态价值链系统进行深入解剖，将其作为一个系统，探索性给出未来有关住宅产业生态价值链管理方面的战略设计，从而丰富和发展价值链的一般分析框架。

（3）运用超循环进化理论揭示住宅产业生态价值链系统的作用机理，是将生物进化思想、产业生态化思想与住宅产业领域结合的尝试，丰富了住宅产业生态价值链的研究内容，具有理论创新意义。

（4）利用演化博弈理论、协同理论、委托-代理理论、合作对策理论来探讨住宅产业生态价值链系统的价值增值机制、价值协同以及价值分配问题，扩展理论的应用领域并增强模型的实用价值。

（5）探索提升住宅产业生态化水平模式的新方法，探寻科学衡量住宅产业生态价值链系统价值的新手法，寻求判别价值分配模型合理性的新途径，从而创新住宅产业领域前沿问题的研究方法和手段。

二、实践意义

本书注重理论研究与实际应用相结合，通过对住宅产业生态价值链系统的研究，尝试总结出适合住宅产业的一般性发展规律，具有重要的现实意义。

（1）指出当前住宅缺乏公平、竞争有序的市场秩序，住宅产业链之间的依存度和成熟度有待提高，住宅产业价值分配不合理，产业资源无法得到有效整合以及住宅产业的生态化程度偏低等问题，为住宅产业生态价值链系统的构建与发展指明了方向。

（2）对比分析我国香港、美国以及我国内地当前的住宅产业生态价值链基础，并从生态价值链系统本土化、构建战略联盟合作方式、动态价值分配模式与加强产业生态化发展等几方面总结我国住宅产业生态价值链系统发展可借鉴的国际经验。

（3）以提升住宅产业生态化水平为目的，探索住宅产业生态价值链系统形成的必然趋势，建立住宅产业生态价值链系统模式的完整体系，期望推动住宅产业生态化发展，并能更好地协调住宅产业各价值主体方的利益，促进和谐社会建设。

（4）通过设计住宅产业生态价值链系统，构建促进住宅产业生态化深入推进的有效模式，同时全面研究住宅产业价值链系统的优化、价值增值测算方法、价值分配比例确定方法，为工程实践提供理论依据和决策支撑。

（5）本书可为主管部门确定住宅产业发展战略、调整管理职能、拓展业务范围、制定住宅产业政策提供理论依据。

第二章　当前住宅产业价值链概述及价值分配现状剖析

第一节　产业价值链理论阐述

一、产业价值链的内涵

产业价值链理论是随着产业链、价值链理论发展而来的。

早期的价值链思想是美国麦肯锡咨询公司提出来的，随后由哈佛商学院的 Porter 加以研究，使其成为剖析企业竞争优势的一个概念工具，它揭示了每一个企业从内部后勤、生产经营、外部后勤、市场营销、服务以及各项辅助活动创造利润的过程与关系。产业链是产业经济学中的一个概念，它描述了产业内各个企业之间一定的技术经济关系，并描述了依据特定的逻辑关系和时空布局关系而客观形成的链条式关联形态，说明了产业市场的结构形态。

因此，产业价值链的概念也可以按照如下逻辑进行理解：每个企业都处在某一条产业中，即单个企业必然位于某个产业链中的某一环节，充当某一个重要角色，而如果一个企业要赢得利润并长期维持竞争优势不仅取决于其内部价值链，还取决于其所在产业的竞争优势，即一个企业的价值链连同供应商价值链、销售商价值链、顾客价值链以及处于同等地位的企业价值链之间的彼此关联，共同构成了一个更大的价值系统，即产业价值链。

当前，国内外学者将在产业链中进行的一系列经济活动仅从价值的角度来分析研究其价值结构的集合体，称为产业价值链。从定义中可以分析得到：产业价值链的概念更加突出了价值的创造与分配，揭示了价值在产业链中的传递、转移和增值过程，强调价值结构的合理性，即整个产业价值链的价值分配的协调性与公平性。

二、产业价值链的价值界定

对于价值本质的认识与解释，西方各经济学派有着丰富的研究成果。19 世纪 70 年代的边际学派代表人物之一庞巴维克认为一件物品的价值是由它的边际效用量来决定的。剑桥学派代表人物之一的马歇尔主要以供求论为主体，认为生产费用决定供给，边际效用决定需求，而供给和需求的均衡决定了价值，由此提出了均衡价值论。宏观经济学创始人之一凯恩斯认为有效需求决定了价值，并在价值决定上，将价值混同于价格，认为价格是由有效需求决定的。后凯恩斯学派的萨缪尔森认为，生产者利用对物品稀少性与消费者根据自己掌握的选择权进行斗争，在一定条件下达成一致可接受的价格，这个价格便是价值。新剑桥学派代表人物罗宾逊和斯拉法等主张用价格分析代替价值分析，认为供求双方为了各自的利益进行斗争，最终取得一致的利益，这时供求达到了均衡，形成了双方都愿意接受的价格，便是价值。综上所述，各个经济学派对于价值的界定都不约而同地利用了效用和均衡的观点与内涵，认为效用是价值的源泉，效用量的大小由商品供求的均衡来实现，而效用并不是指商品本身的客观属性，而是指商品满足人们需求的能力。

在价值链理论中，Porter（1985）对价值作出了明确的定义："价值是客户对企业提供给他们的产品或服务所愿意支付的价格，价值由总收入来度量。"可见，Porter 所界定的价值也应用了效用和均衡的观点，并明确提出可以用企业的总收入来衡量。

作为价值链理论的延伸理论，产业价值链理论的价值内涵与价值链的价值内涵是一致的。因此，价值即价值链理论的价值内涵，即价值是客户对企业提供给他们的产品或服务所愿意支付的价格，价值由总收入来度量。

三、产业价值链的本质特点

相对于其他价值创造形式，产业价值链具有以下本质特点。

（1）复杂性。第一，从纵向来分析，产业价值链把价值链的思想和方法应用到产业层次上，构建了更为宏观的价值创造的组织形式。在新的竞争环境下，产业价值链往往由多个、多类型甚至多国企业所构成，呈现出一个多层次的网络结构。第二，从横向来分析，构成产业价值链的各个价值创造环节是一个有机的整体，每个环节存在着大量的同等地位的企业，并且它们相互依存，相互影响，存在着大量的信息、资金、物质方面的交流与传递，是一个极其复杂的价值创造和价值转移的过程。

（2）增值性。产业价值链的形成基于各个企业的价值增值，揭示了产业链上各个环节的价值增值的一个过程。一般来说，价值链下一个环节的价值活动在上一个环节价值产品的基础上，面向新的客户，创造出更新的价值产品。当然，产业价值链上的各个环节的价值增加值与盈利水平存在着明显的差异性。增值性是产业价值链的本质属性。

（3）系统性。产业价值链致力于打通产业链上各企业的价值链，构建一个畅通的、统一协调的价值链系统。产业链上的每一个企业都是被委派去从事不同的价值活动，创造不同的价值，且它们通过相互合作、广泛地交流与信息沟通，将产业价值链上的价值活动完美地、系统地整合起来，从而为消费者创造最后的价值产品或价值服务。

（4）循环性。产业价值链上的价值增值实现的过程是一个不断循环的过程，即产业价值链各个环节上的价值增值、价值传递是一个长期稳定的循环系统。一旦其中一个环节的价值活动无法实现有效的循环，这条产业链将面临断裂甚至死亡的境地。

（5）动态性。产业价值链是一个动态的系统，随着时间的变化而变化。不但消费者的需求和各个价值创造环节上的企业经营能力随着时间变化，而且产业价值链上的各个价值创造环节、各个企业之间的依存关联、影响关系也会随着时间而变化。因此，随着市场需求和企业战略的变动，居于产业价值链中的各个价值主体就必须进行动态的更新与升级，以适应不断变化的环境。

第二节　住宅产业价值链构成分析

一、住宅产业价值主体构成

在当前的住宅产业发展模式下，产业价值链的各个价值主体各司其职，为住宅产业创造价值。住宅产业价值链的价值主体以市场上消费者需求为中心，房地产开发企业集合土地的所有者（政府）、政府机构（包括审批、检测、监督、税收等部门）、金融机构、策划设计单位、建筑企业、材料供应商、中介服务机构、物业公司等价值主体，将这些价值主体联合创造的价值成果传递给消费者，以满足消费者的价值需求。

（1）消费者。消费者的需求是住宅产业运作的动力，因此住宅产业价值创造的开端就是对住宅需求者的市场分析，以消费者需求来开展项目策划、规划设计、营销策划、品牌推广等活动。最后，消费者通过支付购房款和一定的税金获得住宅产业创造的最终价值产品与服务。消费者既是最终价值成果的接受者，也是住宅产业一系列价值主体获得价值回报的最根本的价值来源。

（2）房地产开发企业。房地产开发企业是指按照《中华人民共和国城市房地产管理法》的规定，以营利为目的，专业从事房地产开发和经营的企业。它是住宅项目投资决策的主体，是土地、资金、规划设计方案、咨询策划服务等价值成果的集成者；是住宅产业价值的传递者；是住宅项目价值建设的发起者、全程管理者。

（3）土地所有者及当前使用者。对于住宅产业来说，土地一般通过土地使用权出让方式获得。土地的所有者即政府通过"招拍挂"的方式出让住宅产业用地的使用权。当然，也可通过其他方式获得住宅项目开发建设的土地，如通过向当前土地使用权的所有者购买获得、通过合作开发方式获得等。

（4）投融资机构。作为一个资金密集型产业，住宅产业对建设资金的需求是十分旺盛的，也就是说，资金是住宅产业一个非常关键的因素。投融资机构是指从事房地产投资和融资的机构，主要由投资银行和专门从事房地产融资的机构构成。目前，我国的住宅产业运作资金筹集渠道主要是银行贷款，同时，其他方式如房地产信托、企业债券以及其他资本市场手段也在积极地建设和完善过程中。

（5）策划单位。策划单位是为住宅产业提供项目开发的想法与思路的机构，对提高住宅开发建设的准确性与价值实现能力具有重要指导作用。当前的房地产策划机构已逐渐发展成为一个能为全程住宅开发提供智力成果的专业化服务系统，业务包括价值链前端的市场分析、投资分析、前期定位、初步设计，以及价值链后端的营销策略、品牌推广、销售代理和客户培养等。房地产策划机构主要包括房地产市场调查公司、房地产策划公司、房地产顾问公司、房地产经纪公司等，为项目的投资决策、审批、建设及后期销售等价值活动提供重要的依据。

（6）设计单位。设计单位是一个将住宅产业的投资想法呈现于设计图纸上这一过程的价值主体，具体是指提供房地产项目前期论证勘探设计、规划设计、建筑方案设计、施工图设计等价值成品的价值主体，主要由勘察公司、规划设计院等构成。这些单位也会对住宅产业运行的全过程进行追踪，以便进行及时的更新。

（7）工程咨询机构。工程咨询机构是指住宅产业在建设前期有关咨询活动的价值主体，它确保了住宅产业建设环节的正常运行，具体是指从事项目前期论证、工程项目管理、工程造价咨询、招标代理等具有专业资质的服务工作的价值主体，主要由监理公司、招标机构、造价咨询公司等构成。

（8）建设施工单位。建设施工单位是在住宅产业中将设计图纸的价值形式转变为消费者可使用的价值成品这一过程的价值主体，具体包括从事建筑工程施工、建筑材料生产、建筑设备及建筑部品生产及安装的价值主体，主要由施工单位、专业分包商、设备安装公司、建筑材料供应商、建筑设备及部品供应商、装饰公司构成。

（9）营销宣传机构。营销宣传机构是将住宅产品与服务推向市场的价值主体，主要由营销策划公司、广告公司、宣传媒介等单位组成。因为策划机构与咨询机构、营销机构的业务有关联的地方，所以特加以说明：策划机构主要从事项目的市场分析、前期定位、初步设计等相关业务，咨询机构主要从事工程项目管理、工程造价咨询、招标代理等相关业务，营销机构主要从事项目的营销策略、推广方案、广告宣传、产品销售代理和客户培养等相关业务。

（10）物业服务机构。物业服务机构是维护最终的价值成果，为消费者提供各项物业服务的价值主体，具体是指从事维护住宅产品正常使用、更新改造和必要的市场推广等工作，以延长物业的经济寿命，保证物业的增值保值，同时根据消费者的需要提供多元化服务等工作的价值主体，主要由物业管理公司、家政服务公司等组成。

（11）政府机构。整个住宅产业的运行过程是在一系列政府机构的监督管理下进行的。一方面，政府机构解决了住宅产业有关土地获得、政府审批、规划调整、拆迁、建设许可、市政设施和基础设施配套等问题；另一方面，政府机构督促完成住宅产业运行过程中的税收、建设完毕后的竣工验收工作，以及办理预售许可、销售后的手续等工作。住宅产业运行过程中涉及的政府机构主要包括发展和改革委员会、规划局、国土资源局、建设委员会、房地产管理局、税务、人民防空、消防、环境保护等部门。

二、住宅产业价值活动构成

中国房地产估价师与房地产经纪人学会编写的《房地产开发与经营》将房地产的开发程序分为提出投资设想、细化投资设想、可行性研究、合同谈判、签署正式协议或合同、工程建设、竣工交用、物业资产管理等八个步骤。为了达到研究目的，将住宅产业的主要价值活动概括为七个价值创造环节：投资分析环节、资金筹集环节、土地获取环节、规划设计环节、工程建设环节、市场营销环节、物业管理环节。

1. 投资分析环节的价值活动

从当前住宅产业的实际状况来看，投资分析环节的价值活动与企业的发展战略、开发管理、投资与融资等能力的关系越来越密切，同时作为住宅产业的起始价值创造环节，也深深影响着住宅产业价值链的后续价值创造环节的价值活动。目前，房地产开发企业都趋向于成立发展战略部或者市场研究部等，以深入研究影响住宅项目投资决策的各个因素，做出果断合理的决策。

在这个价值创造环节，相关价值主体首先对投资地区的住宅市场信息进行深入的了解与分析，这些信息包括产业相关政策、经济水平、社会环境、技术水平、市场供求状况、竞争环境及目标市场等；其次探索投资的可能性，寻找投资机会；再次根据市场分析结果，选定项目投资开发的地段、投资时机，并构思项目定位，做出项目的初步策划方案；然后结合项目的资本结构设计，计算项目的成本费用、营业收入，对项目的盈利能力及抗风险能力进行评价，从而探讨项目开发建设的可行性；最后对房地产开发企业集合企业自身的发展战略、财务状况、人力资源等因素，综合考虑后作出决策。概括起来，此价值创造环节包括市场分析、寻找投资机会、可行性研究、投资决策等价值活动。

2. 资金筹集环节的价值活动

住宅产业是一个资金密集型产业，资金是这个产业运作的重要资源之一，它是住宅产业得以正常运行的基本保障。在资金筹集环节，需要投资者或者房地产开发企业对项目资金有一个详尽的安排，以保证资金的有效利用；同时根据企业自有的资金情况，做出筹集资金的具体方案，进而与投融资机构进行洽谈，获取资金。概括起来，此价值创造环节主要包括投入自有资金与向外筹集资金两个重要的价值活动。

3. 土地获取环节的价值活动

土地是住宅产业最重要的资源，也是住宅产业价值链创造价值的初始价值形态。在这个价值创造环节，一般来说，政府先连同拆迁单位、市政部门等主体进行土地一级开发，为项目的开工建设做前期准备，接着房地产开发企业需要根据前期做好的市场分析、可行性研究报告、咨询报告等价值成果通过"招投标"的方式从政府部门处获得土地。概括起来，此价值创造环节主要包括土地的一级开发、土地获取等价值活动。

4. 规划设计环节的价值活动

规划设计是在规划定位的基础上，对住宅项目进行详尽的规划及设计，使其建筑、环境、功能、风格等符合最初的定位。在这个价值创造环节中，主要包括规划定位、建筑设计、环境设计、功能设计等价值活动。

上述的资金筹集环节、土地获取环节、规划设计环节是住宅产业进行施工建设前的必要准备。在这些价值创造环节顺利进行的同时还包括市场分析的深入、目标客户的寻找、投资决策分析的深入、制订项目开发过程的监控策略、洽谈开发项目的保险事宜等价值活动。其中的任一价值创造环节的价值活动都环环相扣，必不可少，否则项目将戛然而止。

5. 工程建设环节的价值活动

工程建设是指从住宅项目开工建设到竣工验收所经历的全过程，它根据事前准备的规划设计、施工图设计、施工进度等在投资预算范围内，按项目开发进度计划，高质量地完成项目的建设，最终将住宅按时交于消费者投入使用。在这个价值创造环节，各项价值活动历时较长，影响因素复杂，参与主体较多，并涉及国土资源局、规划局、房地产管理局等政府部门，主要工作包括施工单位的选择、原材料的采购、工程建设、工程管理，最后在项目建设完成后邀请相关部门进行竣工验收。概括起来，此价值创造环节主要包括前期工程咨询活动、施工建设、工程项目管理等价值活动。

6. 市场营销环节的价值活动

市场营销环节的价值活动是住宅产业得以实现价值的关键环节,直接影响着项目投资建设能否收回成本、获得利润、实现最终价值等投资目标,决定着住宅产业整体价值水平的高低。市场营销环节是一个特殊的价值环节,它的各项价值活动贯穿于项目开发经营的始末。在投资分析环节就根据市场的调研与分析,进行住宅项目营销方案的初步设计;在建设环节也有项目的前期宣传、项目形象包装、促销活动,最终将项目交于消费者。期间,还包括物业租售方式的选择、租售方案的确定以及宣传与广告策略的确定等活动。概括起来,此价值创造环节主要包括营销策划、品牌推广、市场销售、销售管理等价值活动。

7. 物业管理环节的价值活动

随着住宅产业的不断发展,当前物业管理环节的价值活动与市场营销环节的价值活动已经逐步贯穿了住宅产业运行的各个价值创造环节,以制订出更加完善的物业管理方案,为消费者提供更好的服务。物业管理环节的价值主体主要是利用专业的物业管理能力和设施管理能力,进行物业的维修、更新改造和必要的市场推广工作,以延长物业资产的经济寿命,保持并提升物业价值,提高资产运行质量。概括起来,此价值创造环节主要包括物业管理、物业增值、物业服务等价值活动。

综上所述,住宅产业的价值活动基本包括以上七个价值创造环节,但是各价值创造环节的划分并不是固定的,同时在实际住宅产业的运行过程也很难沿直线一步一步进行,而是一个交叉复杂的运行过程。但这些价值创造环节是住宅产业运行的主要环节,其中的每一项价值活动都是至关重要、环环相扣的。例如,市场分析工作的结果是投资决策环节进行可行性研究、投资分析的依据,也是获取资金与土地、进行规划设计的基础,进而影响项目的开工建设,还是市场营销环节进行产品形象定位、广告宣传、销售管理等价值活动的前提。

根据上述价值主体和价值活动的阐述,可以概括出每一个价值创造环节都必须由专业的价值主体来实现价值。投资分析环节的主要价值主体有消费者、房地产开发企业、市场调研公司、前期咨询公司等;资金筹集环节的主要价值主体有房地产开发企业、策划公司、投融资机构及政府相关机构;土地获取环节的主要价值主体有房地产开发企业、咨询公司、政府机构等;规划设计环节的主要价值主体有房地产开发企业、策划公司、设计单位等;工程建设环节的主要价值主体有房地产开发企业、施工单位、建筑安装单位、材料供应商、监理企业、咨询公司等;市场营销环节的主要价值主体有房地产开发企业、营销策划公司、宣传媒介、销售代理公司等;物业管理环节的主要价值主体有房地产开发企业、消费者、物业公司等。

第三节　国内外典型住宅产业价值链发展现状对比分析

一、我国香港的住宅产业价值链系统

从全世界来看，我国香港与美国的住宅产业价值链系统是当前非常典型的住宅产业价值链模式，同时也是我国内地住宅产业发展不断学习的模板，本小节将从这两个典型模式入手，对比分析当前我国内地的住宅产业价值链系统发展的要点。

我国香港的住宅产业价值链可以说是房地产开发企业的开发价值链，它不讲求专业化分工与合作，要求房地产开发企业是全能型企业，从买地、融资、设计、建造到营销和资产管理等都是企业的业务范围，换言之，它是一种高度纵向一体化的企业价值链开发模式，由开发企业自己来协调住宅开发的全过程，从而实现企业的价值创造，具体见图 2.1。这种价值创造结构的利润中心或者价值创造的重要环

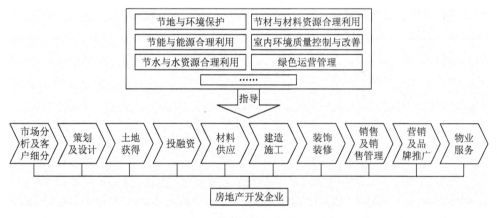

图 2.1　我国香港住宅产业价值链系统示意图

节是住宅的制造和加工，以大规模生产与经营来获得成本优势，从而以规模经济获利。香港模式的住宅产业价值链系统是我国内地房地产市场起步时最主要的借鉴对象，如合生创展集团、金地集团、万科集团等国内一流房地产开发企业都是在这种模式下完成了房地产业的原始积累并实现了全国性大规模扩张，它在促进国内房地产市场的快速发展、改善居民生活环境、拉动区域经济增长等方面起到了不可磨灭的作用。然而，这种模式越来越引起业界的反思，尤其是其重视大规模的土地储备以及资金筹备，一旦经济形势不好，容易造成资金链断裂，整个产业面临的行业风险也非常大；另外，因为全程高度掌控着这个价值链，所以房地产开发企业几乎垄断着产业链上所有的利润，不利于产业的发展。

从产业生态化发展方面来分析,香港的住宅产业价值链已经创建了一个良好的绿色生态住宅产业的发展平台,并充分体现在住宅产业的全寿命周期过程中。首先,香港的住宅产业拥有良好的绿色建筑交流平台。香港政府、房地产开发企业、民间组织、学术机构以及相关从业人员共同构建了一个互动的交流平台,共同推进绿色建筑的发展。其次,香港的住宅产业具有成熟的绿色建筑评价标准。作为较早的绿色建筑评估体系,香港建筑物环境评估方法从节地与环境保护、节能与能源合理利用、节水与水资源合理利用、节材与材料资源合理利用、室内环境质量控制与改善、绿色运营管理六个方面来要求安全、健康、舒适、功能、效率,同时也保持地域性、融合全球性的生态策略的住宅设计、建造、运营。再次,香港的住宅建设具有先进的绿色施工技术。香港的房地产开发企业具有一套从拆卸技术到施工方法再到现场管理的施工技术,并将其提升到方法理论的层次。20世纪90年代初,香港房屋署已采用预制组建技术进行施工。近年,香港房屋署更积极采用机械化预制组件的创新建筑方法,建立了环境、健康、安全报告数据库用于总结在项目开发中的环保经验。例如,在葵涌工厂大厦重建项目中,首次采用新型的立体预制组件建筑方法,以提高施工质量、改善地盘安全、保护环境与缩短施工时间等;香港太古地产在施工上还总结了一套环保拆卸技术以减少噪声,实现废物再利用。最后,香港的住宅产业具有绿色的物业管理。在住宅项目的运行过程中,先进的能源管理以及减废等环保教育都体现了房地产开发企业与业主对绿色建筑的深入理解。

二、美国的住宅产业价值链系统

美国的住宅产业价值链将房地产开发从一个实物概念变成了金融概念,可以实现多重运作,企业的利润增长更加依赖单个项目的资本回报率而不是企业众多项目的规模效益。在该模式下,各企业专注于自己不同的分工领域,企业的经营模式相对更加成熟,企业利润也更加稳定,系统性风险大幅降低。住宅开发的美国模式价值链的特点之一便是高度的专业化细分,价值链上的各个节点企业更专注于整个价值链过程中的某一专业过程,特点之二是发达的不动产金融市场促使价值链每一阶段的筹融资安排多样化和资金快速的流动性,保证房地产行业整体风险分散化,具体见图2.2。

第一,从专业化分工与合作来看,美国住宅产业通过住宅开发业务的不断细化和专业化,强调住宅开发的各个环节由不同的专业公司来协作共同完成,由此构成住宅产业价值链联盟,从而实现价值的不断提升。开发公司负责产品策划和开发管理,地产投资公司就负责投资融资环节,建设公司负责建造施工,销售和物业管理也由相应的公司来负责完成等。在这种模式下,住宅产品的市场定位、

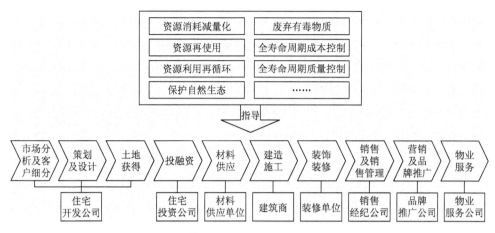

图 2.2 美国住宅产业价值链系统示意图

租售方式等早在施工建设之前就已明确，各个开发公司根据自己的特长来选择特定的产品与市场进行开发，各个专业公司也根据自己的特长来完成各自的专业产品与服务。简言之，美国模式的住宅产业价值链系统讲求的是住宅产业上各个高度专业公司的分工与合作，其中的房地产开发企业并不要求其能够操作整个住宅开发过程，它在整个住宅开发生态价值链中往往只扮演管理者、参与者、经营者或职业经理人中的一个角色，代表的是一种高度细分的专业化分工合作，体现了效率最高、公平竞争和利益最大化的良好结合。例如，美国普尔特房屋公司（Pulte Homes Inc.）在收购德尔·韦布与阳光之城（侧重开发老年社区）两个著名的品牌后一举成为全美最大的房屋建商。从 1996 年开始，普尔特房屋公司就一直以价值链整合来拓展企业并扩大价值。1996 年，普尔特房屋公司与通用电气公司（General Electric Co.）合作，让通用电气公司成为房屋家用电器设备的首选供应商；1998 年 5 月，普尔特房屋公司以股权收购了田纳西州的拉德诺房屋（Radnor Homes）公司；1998 年 7 月收购佛罗里达州的迪佛士（Divosta）住宅建筑公司；2001 年 8 月，与路易斯安那州的太平洋木材公司签订了为期 3 年的合作协议，后者成为普尔特房屋公司最大的木材供应商，从而节省了 300 万～500 万美元的成本。2004 年 9 月普尔特房屋公司与美国电信业巨头 Verizon 公司达成了 FTTP 配置协议，将普尔特房屋公司的家庭用户接入 Verizon 的捆绑商业业务中，包括 FTTH 宽带业务。根据协议，普尔特房屋公司为新用户配置光纤，在加强 Verizon 的 FTTP 技术推广的同时，直接为家庭用户和商业用户提供宽带业务。普尔特房屋公司通过与合作伙伴结成战略联盟或者并购价值链上的关键企业，不仅提高了运营能力，还提升了价值创造能力，使其利润一路飙升。

第二，美国的住宅产业价值链系统也注重产业价值的合理分配，讲求价值主体的利益共赢。例如，美国霍顿房屋公司（D.R. Horton Inc.）作为美国第二大的住宅开发企业，主要负责住宅开发价值链中的设计、质量和售后服务，其中的建筑和生产主要通过外包的形式来完成，住宅项目的所有建造都由建筑商来完成。霍顿房屋公司只对价值链前后两端进行控制，放弃其不擅长的价值链中端，由专业的住宅建造商和其他专业单位来完成住宅项目的策划、招投标、施工、项目管理、装饰装修等业务，这种做法使其得以专注于向顾客提供有吸引力的产品，减少公司的管理成本，提高公司的运营效率，获取更高的市场价值，而且霍顿房屋公司及其合作的专业单位共同来分享其合作带来的产业价值增值，如市场价值的增值、管理效率的增值、合作技术的增值等。

　　第三，在高度专业化分工与合作的基础上，美国住宅产业也关注于建筑节能与住宅产业化、工业化的发展，以资源消耗减量化、资源再使用、资源利用再循环、保护自然生态、废弃有毒物质、全寿命周期的成本控制与质量控制等原则来指导住宅产业与资源、环境的和谐共处（即生态价值链系统的第二层级系统）。例如，LEED（leadership in energy and environmental design）由美国绿色建筑委员会建立并于 2003 年开始推行，目前全美已经全面推行并强制实施。2009 年修订的 LEED-NC 标准包含可持续场地设计、水资源利用、能源与大气、材料与资源、室内环境质量、创新与设计、区域性特色等七个方面的内容。此外，美国的标杆房地产企业也在其住宅项目中积极实施绿色建筑标准。普尔特房屋公司将美国的房地产市场细分为首次置业、首次换房、二次换房和活跃长期置业四大块，在此基础上又确立了 11 个标准的目标客户群体，根据每一群体的不同需求提供不同的住宅。这种将模块化开发和产业化建造揉为一体的策略，在很大程度上节约了运营成本，同时规避了销售风险，普尔特房屋公司也由此成为全美唯一一家在上述所有细分市场中均能提供主流产品的房地产开发商。美国桑达克斯公司作为美国排名前五的建筑承包商（Centex，2009 年 8 月被普尔特房屋公司兼并）于 1994 年正式提出生产标准化，并在 1997 年 3 月联合 Cavco Industries，宣告进入工业化生产住房市场，不断引进现代绿色技术、工艺、方法以及建筑回用技术，从而实现资源的节约利用。霍顿房屋公司一直专注于推广"能源星"计划，在住宅项目的设计中，讲求对住宅产品结构、布局、质量进行调整优化，使其与资源、环境实现一致性；在住宅建筑中，引进绿色生态技术与资源的再生利用技术，减少废弃物的排放；在房屋装饰过程中，应用全部通过全国质量局和环境保护机构认证的电器。

三、我国内地的住宅产业价值链系统

　　相对于我国香港及美国的住宅产业价值链系统，我国内地的住宅产业价值链系统尚处于不断发展、不断成熟的发展阶段。

　　第一，从价值链结构来看，随着我国住宅产业政府管制行为越来越趋于理性，住宅产业的市场化程度不断提高，我国内地当前的住宅开发价值链主要存在着三种典型模式：一是类似香港模式的高度一体化模式，本书称为基本社会化住宅价值链开发模式；二是类似美国模式的高度社会化住宅价值链开发模式；三是处于两者之间的过渡模式，本书称为部分社会化住宅价值链开发模式。具体如图 2.3 所示。

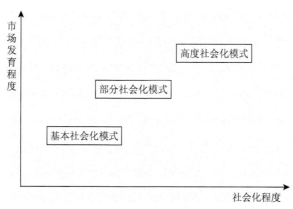

图 2.3　我国内地住宅产业价值链模式发展示意图

下面以我国典型的知名住宅开发集团的住宅价值链开发模式举例说明。

（1）碧桂园集团的基本社会化住宅价值链开发模式。基本社会化模式类似于香港的高度一体化开发模式，它始于我国住房市场的发展初期，也是我国内地最早一批房地产开发企业学习的主要模式。如万科集团、金地集团、合生创展集团、碧桂园集团等企业都基于此模式发展起来，而碧桂园集团将此模式一直沿用至今。碧桂园集团成立于 1992 年，是一家以房地产为主营业务，涵盖建筑、装修、物业管理、酒店开发及管理等行业的国内著名综合性房地产开发企业。在住宅产业布局上，碧桂园集团除了涵盖住宅开发价值链前后端中的策划定位、投融资、规划设计、营销推广及物业管理，还涵盖了住宅建造过程中的建材、施工、家具、家电、装修等，在价值链上全产业布局实现了高度一体化，如图 2.4 所示。这种高度一体化的开发模式，一方面使集团对开发项目能够实行全过程监控，在市场竞争中处于主动地位，从而增加各个价值创造环节的价值；另一方面使集团能够以最快的速度来调配资源，降低交易成本，并以大项目来实现规模经济，以此来保持甚至提高自身的品牌和核心竞争力。

（2）绿地集团的部分社会化住宅价值链开发模式。在当前我国住宅市场处于政府调控这只"看得见的手"和市场自我调节"看不见的手"共同调节下的市场发展阶段，部分社会化模式应该说是当前我国住宅产业最主要的开发模式。绿地集团创立于 1992 年，始终坚持"绿地，让生活更美好"的企业宗旨，并通过产业

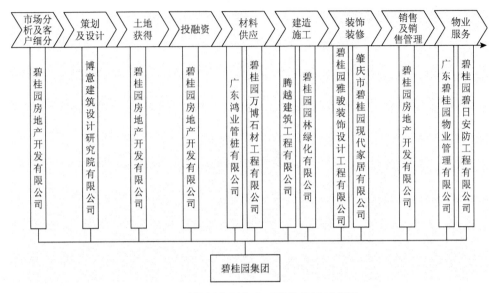

图 2.4　碧桂园集团住宅开发价值链示意图

经营与资本经营并举发展，已形成目前房地产主业突出，能源、金融等相关产业并举发展的产业布局，具体包括各地房地产事业部、绿地建设集团、绿地商业集团、绿地能源集团、绿地汽车服务集团和绿地物业集团等产业集团，具体如图 2.5 所示。其中，房地产事业部负责住宅项目的土地获取、项目策划、项目管理及品牌推广等工作。绿地金融控股集团能够为住宅开发提供更广阔的投融资渠道，实现全球资源整合。绿地建设集团具有住房和城乡建设部认定的房屋建筑工程施工总承包、市政公用工程施工总承包、钢结构工程专业承包、建筑装修装饰工程专业承包、炉窑工程专业承包、冶炼工程施工总承包等六个一级资质，同时还是具有机电设备安装工程专业承包、地基与基础工程专业承包等资质的大型综合性施工企业，从而基本负责绿地集团所有的住宅项目建设。上海绿地集团森茂园林有限公司，具有城市园林绿化施工国家一级资质，负责一大批中高档居住小区的园林绿化景观施工。绿地物业由科瑞、永绿、绿安、长银等四家物业管理企业所组成，负责各类商品住宅、公寓、别墅、办公楼宇、商场等物业服务。从住宅价值链来看，绿地集团不仅涵盖住宅价值链前后端的投资策划、项目融资、物业服务等内容，还涵盖价值链中端的建造施工能力，其他的如项目策划、营销推广、项目销售等业务实现了社会化专业外包。

　　（3）万科集团、金地集团的高度社会化住宅价值链开发模式。高度社会化模式是在住宅市场发育程度较高，政府管制基本不存在的情况下存在的方式，类似于美国的住宅产业价值链系统。纵观我国内地当前走在行业领先水平的房地产开发企业，万科集团和金地集团的开发模式比较接近于高度社会化的开发

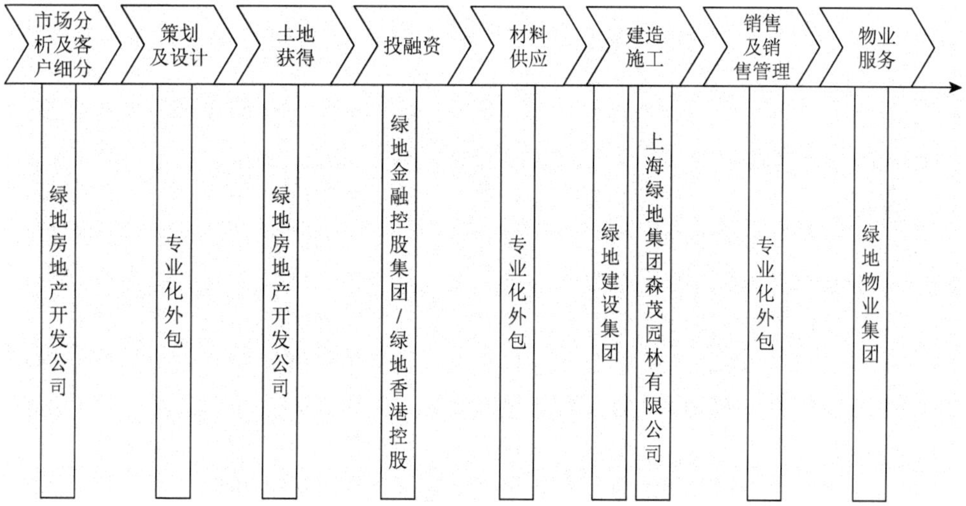

市场分析及客户细分	策划及设计	土地获得	投融资	材料供应	建造施工	销售及销售管理	物业服务
绿地房地产开发公司	专业化外包	绿地房地产开发公司	绿地金融控股集团/绿地香港控股	专业化外包	绿地建设集团	专业化外包	绿地物业集团
					上海绿地集团森茂园林有限公司		

图 2.5　绿地集团住宅开发价值链示意图

模式。万科集团成立于 1984 年，于 1988 年进入房地产开发领域，并于 1992年开始放弃多元化经营战略，选择走专业化道路，确立了以住宅开发为主导业务的专业化战略，尤其做出了：一是退出与住宅无关的产业，从多元化经营向专营房地产集中；二是收缩住宅产业战线；三是减少房地产业产品的品种，从房地产多品种经营向住宅集中的战略决定。经过了 20 多年的发展，万科已经成为房地产行业当之无愧的龙头企业。截至目前，万科业务覆盖珠三角、长三角、环渤海三大城市经济圈以及中西部地区，共计 53 个大中城市。从住宅价值链来看，万科集团主要拥有万科地产与万科物业这两个处于价值链前后端的业务，主要负责住宅项目前期的项目策划、投融资以及项目建成后的物业服务，具体如图 2.6 所示。万科集团作为我国最早进入资本市场的房地产开发企业，拥有房地产行业相对比较丰富的融资渠道，包括合作开发，证券市场融资、外资、信托、产业基金、银行融资等。万科物业服务通过全国首批 ISO9002 质量体系认证，引进美国普尔特房屋公司先进的客户管理系统，围绕客户细分和价

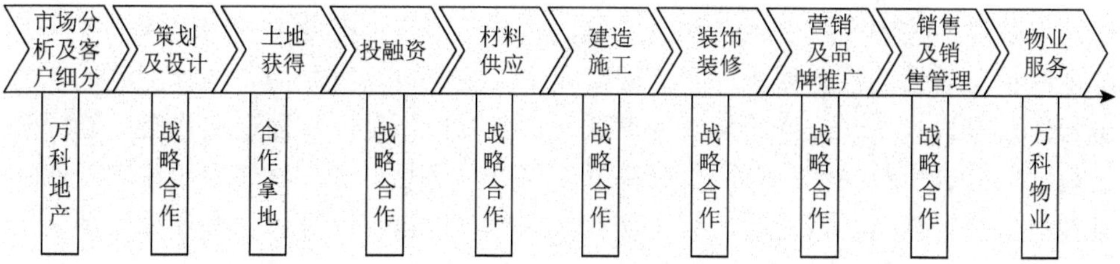

市场分析及客户细分	策划及设计	土地获得	投融资	材料供应	建造施工	装饰装修	营销及品牌推广	销售及销售管理	物业服务
万科地产	战略合作	合作拿地	战略合作	战略合作	战略合作	战略合作	战略合作	战略合作	万科物业

图 2.6　万科集团住宅开发价值链示意图

值定位构筑精细化的运营流程，被评为 2014 中国物业服务百强企业。对于其他价值创造环节，万科基本上实现专业化外包策略，并积极与合作单位建立战略合作关系，甚至在获取土地环节也乐于与当地企业合作拿地，进而通过资源共享、管理输出、互动管理的合作方式实现共赢。

相类似的，还有金地集团的开发模式。金地集团初创于 1988 年，并于 1993 年正式开始经营房地产业务，2011 年建立了以住宅业务为核心，以商业地产和金融业务为两翼的一体两翼发展战略，稳步推进业务模式转型，向着中国最有价值的国际化企业的宏伟目标持续迈进。目前，金地集团旗下已形成华南、华东、华北、华中、西北、东北、东南七大区域的全国化房地产开发布局，同时金地物业也随着金地项目的跨区域发展成为全国各地金地项目的物业管理服务、资产运营的综合服务平台。2006 年，金地集团旗下的"稳盛投资"开始探索房地产金融业务，专注于中国房地产市场投资。2012 年，金地集团收购香港联合交易所有限公司的上市公司香港星狮地产，并于 2013 年更名为金地商置，成为金地集团旗下独立运作的商业地产投资、开发及运营管理业务平台。从住宅价值链来看，金地集团主要涵盖了住宅价值链前后端的投资策划、项目融资、物业服务等内容，其他的业务基本实现专业外包。

第二，从产业价值分配来看，我国现行的土地所有制度决定了土地必然是房地产业价值链的主体和主导方向。无论链条上的哪一个环节，都必须通过土地才能实现其价值和功能。这样政府就成了房地产价值链的上游端，能获得土地的开发企业则成了二级利益获得者，其他技术中介如融资伙伴（银行、股东等）、开发队伍（顾问、设计、施工、材料供应、广告）、中介机构（策划、代理销售、经纪）等则是三级利益分配者，其紧密围绕在开发企业周围，构成了整个链条的下游端。由于是垂直链条关系，上游端掌握了更多的话语权和价值利益分配权，上下游关系是纯粹的甲方乙方关系，并在一定程度上放大了这种效应。因此，当前房地产业价值链就缺乏一个公平、公正的沟通平台，进而导致房地产业价值链的各个价值主体之间无法形成长期合作、不断挖掘产业价值的合作竞争关系，从而影响住宅产业的进一步升级。

第三，从产业生态化水平来看，我国内地的住宅产业尚处于数量与质量并重的发展阶段，住宅产业仍处在初级阶段，属劳动密集型产业，生态化水平低，无法适应日益增长的住房需求。多年来，我国住宅建设一直采用现场"浇灌式"的施工作业方式，生产效率与集约程度低下，流动性不足，从而造成物质、能源消耗高，科技进步对住宅产业的贡献率低等问题。而且，当前我国对于住宅产业的资源再生利用能力非常低下，完全违背住宅产业与自然环境、生态环境和谐共生这一生态原则。据测算，我国建筑垃圾的数量已占到城市垃圾总量的 30%～40%，每年仅施工建设所产生和排出的建筑废渣就有 4000 万吨。

四、国内外住宅产业价值链系统对比分析

从以上对国内外住宅产业价值链系统的分析，可以看出由于文化、环境、制度、发展阶段等的不同，不同的价值链价值创造结构具有不同的特点，住宅产业生态化也表现出不同的发展程度差异，下面对我国香港、美国以及我国内地的住宅产业价值链系统进行对比分析（表2.1）。

表 2.1 住宅产业价值链系统对比分析表

对比内容	我国香港住宅产业价值链系统	我国内地住宅产业价值链系统			美国住宅产业价值链系统
		基本社会化模式	部分社会化模式	高度社会化模式	
价值链社会化程度	社会化程度低，开发商为"全能型"企业	社会化程度低，高度一体化	部分社会化	高度社会化	完全社会化
价值链合作模式	基本封闭式	基本封闭式	部分开发式	基本开发式	完全开发式
关键价值点	住宅的"制造和加工"过程，以大规模与大项目获得成本优势	住宅的"制造和加工"过程，以大规模与大项目获得成本优势	以住宅的建造过程为主，住宅设计、售后服务为辅	基本以住宅设计、服务为主	完全以住宅设计、质量、服务为主
与合作方关系	甲乙方关系	甲乙方关系	由甲乙方关系向联盟式发展	联盟式发展	战略联盟式
价值分配模式	开发企业基本垄断产业价值	开发企业基本垄断产业价值	部分实现产业价值共享	逐渐实现产业价值共享	合作共享产业价值
产业生态化程度	生态化程度高	生态化程度偏低	生态化程度偏低	生态化程度高	生态化程度高
优势	容易对项目的全过程进行监控，能以最快的速度来调配资源，降低交易成本，并以大项目、大规模来实现规模经济，提升市场占有率	以较快的速度完成了原始积累并实现了全国性大规模扩张，促进了住宅产业的迅速成长；并逐渐向产业的专业化、社会化、生态化发展			利用共同合作开发，构建最有效的价值链组合，弥补自身资源和能力的不足，共同实现资源的有效配置和价值创造，并有效分散企业和市场的风险，有利于整体产业升级
劣势	重视大规模的土地储备以及资金筹备，产业风险较大；容易造成开发商对房产利润的垄断，不利于产业的发展	起步较晚，缺乏完备的金融、信用、法律体系			要求比较完备的金融、信用体系；同时要求产业链上专业化程度较高

通过表 2.1 的比较，可以清楚地看出国内外住宅产业价值链系统的特点、优势和劣势。我国内地住宅产业价值链系统是在借鉴我国香港成功经验基础上发展起来的，然而随着我国内地房地产宏观调控政策、市场环境、消费者需求、产业资源以及企业自身经营战略等一系列的变化调整，香港模式的价值链系统日渐凸显出它的缺点和不足，比如，房地产开发企业往往垄断着产业利润，并当市场不景气时容易发生企业资金链断裂等问题。如此一来，美国模式的生态价值链系统开始逐渐受到推崇和学习，但是面对着我国特有的土地制度、现有的金融信用制度以及法律制度等背景，我国内地住宅产业价值链系统的升级与发展任重道远。

（1）实现住宅产业价值链系统本土化。尽管我国香港和美国的住宅产业价值链系统发展已经相对成熟，但是应该看到任何价值链系统都具有自身的特点及其发展背景，难以直接模仿和复制。这是因为任何价值链系统都根植于特定的社会环境、商业环境及行业环境中，与环境密不可分，所以要借鉴一个成功的价值链系统必须要结合本民族的环境特点将其批判地吸收，实现价值链系统本土化。如果把某个特定环境条件下形成的价值链系统照搬到另一个环境中，那么很难长时间维持。我国内地起初照搬的我国香港住宅开发价值链模式现在遭到的不断的质疑就是一个典型的例子。当前我国内地的城市土地属于国有性质，同时也欠缺完备的金融、信用、法律体系，不同的价值链环节合作也存在一定的信用危机，如投资与开发环节的分离，投资商与开发企业之间存在着一定的信用危机，而且不同环境中消费者的消费能力、消费文化、地理特征与经济发展水平等都有各自的特点。因此，我国内地的住宅产业价值链系统应当在继续完善香港模式的前提下，积极探索美国模式，借鉴其他国家和地区的可取之处，并结合本国住宅产业环境的特点实现本土化，在有效分散市场风险的同时，各个专业公司通过产业链上的专业分工与市场竞争，分享住宅开发过程不同环节的利润，有利于稳定房地产市场，促进房地产市场健康发展。

（2）构建住宅价值链上价值主体间的战略联盟合作方式。从我国香港和美国的住宅产业价值链系统比较来看，为了促进住宅产业的良性发展，我国香港的开发企业独揽整个价值链的模式越来越受到质疑，而美国的各个价值创造环节建立战略联盟的方式越来越受到青睐。房地产开发企业重视业务社会化、专业化，抓住价值链上的关键环节，将自身资源与能力不足之处与其他企业建立战略联盟，制作共同市场并创造价值。我国内地的开发企业也越来越重视价值链上各个业务的专业化和社会化，重视与上下游企业建立长期合作的关系，但是其现在合作的方式比较简单，基本上还处于甲乙方的关系，导致开发企业掌握了更多的话语权和价值利益分配权。这虽然有利于确定开发企业在价值链中的主导地位，有利于产业链的协同发展（香港的经验值得借鉴），但是其并不利于发挥在价值链上各个专业公司的积极性，也不利于整个住宅产业的良性发展。因此，我国应积极向美国的住宅开发价值链模式靠近，企业应根据自身的资源和能力，与处于价值链上的其他企业共同合作开发，构建最有效的价值链组合，在弥补自身不足的同时，共同实现资源的有效配置与产业价值创造。

（3）制订合理的、动态的价值分配模式。我国香港的住宅价值链模式几乎由开发企业垄断产业利润，这就影响着产业链上各个专业企业的利益分享。当前，我国内地住宅产业上就存在着设计、施工、材料供应、策划、代理销售、经纪等企业分享的产业利润相对较少，致使其成长的速度较慢。当在住宅产业价值链系统上的各个节点企业结成联盟创造出更大的产业整体价值时，合理的价值分配和足够的价值补偿是维持这个联盟，并促进产业升级的关键所在。如果无法制订合理的合作协议，那么价值链上的专业企业则会拒绝继续参加联盟合作，或者在签订合作协议后采用消极怠工、消极合作的工作方式，致使整个价值链系统无法实现最初的合作联盟目的，不利于住宅产业整体的价值创造。那么，为了保证住宅产业价值链的稳定、高效运行，必须形成一个满足于各个价值主体的价值分配方案。

（4）从住宅价值链的全过程出发加强产业生态化发展。我国香港和美国的住宅产业价值链的共同成功之处便是整个住宅产业都关注产业的生态化、工业化发展，将建筑节能、循环经济、与环境的和谐共处等理念融入整个住宅价值链系统中。因此，从住宅价值链的全过程出发来考虑产业的生态化就显得非常必要，这不仅要求在住宅产业的上游输入绿色的资源与能量，还要求在住宅产业的中端有效配置资源，提高资源的利用率，更要求在住宅产业的下游端做到资源的循环利用，减少废弃物的排放，降低给环境带来的负担，提高生态效率，进而获取更高的产业价值。而在当前我国内地的住宅产业价值链系统中，住宅产业的资源的循环利用做得非常不理想，主要表现为建筑垃圾回收利用率低，中水利用率低下。而这些是实现住宅产业循环经济的一个重要环节，也是优化住宅产业价值链系统的关键之一。

第四节　住宅产业价值链价值分配现状测算模型构建

一、价值分配评价指标体系构建

因为住宅产业价值链上的各个价值创造环节的价值数据非常难以直接从市场或者国家统计数据中获得，所以本书欲利用综合评价模型对住宅产业价值链的各个价值创造环节的价值加以评价衡量，而客观评价住宅产业价值链价值分配情况的前提就是建立一个科学、系统的住宅产业价值链价值分配评价指标体系。根据住宅产业价值链系统结构，利用产业价值链上各个价值创造环节下的价值活动，借助德尔菲（Delphi）法来系统性地构建住宅产业价值链价值分配测算指标体系，并通过极大不相关法进行定量指标的筛选。

1. 评价指标体系的构建

基于科学性、系统性、客观性、层次性、可操作性的原则，根据住宅产业价值链上的各个价值创造活动，将住宅产业价值链的价值分配评价指标体系分为投资分析价值、资金价值、土地价值、规划设计价值、工程建设价值、营销价值、服务价值等七个方面，这七个方面构成了评价指标体系的一级指标。进而，根据一级指标的主要价值含义构建了二级指标与三级指标，具体见表2.2。

表 2.2　住宅产业价值链价值分配评价指标体系

一级指标	二级指标	三级指标
投资分析价值 X_1	市场分析价值 X_{11}	市场分析价值 X_{111}
	可行性分析价值 X_{12}	可行性分析价值 X_{121}
资金价值 X_2	自有资金投入价值 X_{21}	自有资金投入价值 X_{211}
	筹集资金投入价值 X_{22}	筹集资金投入价值 X_{221}
土地价值 X_3	土地原始价值 X_{31}	土地原始价值 X_{311}
	土地开发价值 X_{32}	土地开发价值 X_{321}
规划设计价值 X_4	规划定位价值 X_{41}	规划定位价值 X_{411}
	设计价值 X_{42}	建筑设计价值 X_{421}
		环境设计价值 X_{422}
		功能设计价值 X_{423}
工程建设价值 X_5	前期咨询价值 X_{51}	招投标活动价值 X_{511}
		工程咨询价值 X_{512}
	建设价值 X_{52}	建筑安装价值 X_{521}
		建材与设备价值 X_{522}
		装修与装饰价值 X_{523}
	工程监理价值 X_{53}	工程监理价值 X_{531}
营销价值 X_6	营销策划价值 X_{61}	营销策划价值 X_{611}
	营销实施价值 X_{62}	形象包装价值 X_{621}
		前期宣传价值 X_{622}
		销售活动价值 X_{623}
服务价值 X_7	销售服务价值 X_{71}	销售服务价值 X_{711}
	物业服务价值 X_{72}	物业服务价值 X_{721}

注：表中指标后面的符号表示指标标识代码。

（1）投资分析价值指标，主要包括市场分析价值和可行性分析价值。市场分析价值主要体现对市场需求的把握准确程度的价值含义，主要由市场调研分析公司或者策划公司来完成；可行性分析价值主要是指对住宅项目进行初步可行性研究，继而提供这一价值活动所含的价值的决策依据，主要由前期策划公司或者咨询公司来创造。

（2）资金价值指标，主要是指资金筹集环节的价值，包括自有资金投入价值和筹集资金投入价值，分别由房地产开发企业及投融资机构来创造。

（3）土地价值指标，主要包括土地原始价值和土地开发价值。土地原始价值是指房地产开发企业从政府或者土地拥有者那里获得的土地所包含的价值，这是住宅产业运行所需的必不可少的资源价值；土地开发价值主要是指拆迁单位、市政单位在土地开发环节所创造的价值。

（4）规划设计价值指标，主要包括规划定位价值和设计价值。规划定位价值主要是勘察单位、策划单位等在规划设计前期进行项目规划定位所创造的价值，是规划设计的基础工作。设计价值主要包括建筑设计价值、环境设计价值、功能设计价值。建筑设计价值主要是指建筑设计单位对项目进行建筑设计环节所创造的价值；环境设计价值主要是指景观设计单位对项目进行景观设计环节所创造的价值；功能设计价值主要指对项目进行功能定位同时配备相应设施时所创造的价值。

（5）工程建设价值指标，主要包括前期咨询价值、建设价值和工程监理价值。前期咨询价值主要包括招投标活动价值和工程咨询价值。招投标活动价值是指招投标单位在进行招投标活动时创造的价值；工程咨询价值主要是指工程咨询单位在进行工程造价、工程进度咨询时所含有的价值。建设价值主要包括建筑安装价值、建材与设备价值、装修与装饰价值等。建筑安装价值主要包括进度管理情况、成本管理情况、质量管理情况、合同管理情况、信息管理情况等几个方面的价值；建材与设备价值主要是指材料和设备设施质量保证情况与供应时间保证情况两个方面的价值；装修与装饰价值主要指项目整体装修、装饰时所创造的价值。工程监理价值主要体现在工程监理活动所含有的价值。

（6）营销价值指标，主要包括营销策划价值和营销实施价值。营销策划价值是营销策划单位在完成项目营销策案时所创造的价值；营销实施价值主要包括形象包装价值、前期宣传价值、销售活动价值等三个营销活动创造的价值。

（7）服务价值指标，主要包括销售服务价值和物业服务价值。销售服务价值主要是指销售住宅项目过程中体现出来的销售服务价值；物业服务价值主要是指物业服务机构对住宅住户提供物业管理和设施管理，并提升物业资产价值过程中所体现出的价值。

2. 指标的筛选

鉴于研究目的，主要对初始构建的指标体系的三级指标利用极大不相关法进行筛选。假设某二级指标下的三级指标有 n 个，如果指标 x_1 与其他的 $x_2, x_3, \cdots, x_n$ 是独立的，就表示 x_1 无法由其他指标来代替。因此，被保留的指标应该是相关性越小越好，这就导出了极大不相关法。

根据三级指标评价值标准化后的数据，计算出各样本指标的相关性系数矩阵 R：

$$R = (r_{gf}), r_{gf} = \frac{s_{gf}^2}{\sqrt{s_{gg}^2 s_{ff}^2}} \quad (g, f = 1, 2, \cdots, n) \quad (2\text{-}1)$$

式中，g，f 为两个不同的三级指标，R 为两个不同指标之间的线性相关程度。而极大不相关法是考虑一个指标 x_g 与余下的 $n-1$ 个指标之间的线性关系，即一个指标与其他指标之间的复相关关系，用复相关系数 ρ_g 表示，并可以通过以下方式来计算。

将 R 改写成：

$$R = \begin{pmatrix} R_{-g} & r_g \\ r_g^{\mathrm{T}} & 1 \end{pmatrix} \quad (R_{-g} \text{为除去指标} x_g \text{的相关系数矩阵}) \quad (2\text{-}2)$$

从而计算 $\rho_g^2 = r_g^{\mathrm{T}} R_{-g}^{-1} r_g, g = 1, 2, \cdots, n$，其中 R 为改写后的值。当获得 $\rho_1^2, \rho_2^2, \cdots, \rho_n^2$ 后，采用 F 检验法，取置信区间 $\alpha = 0.1$，查复相关系数检验表获得临界值 D，当 $\rho_g > D$ 时，表示指标 x_g 与其他的 $n-1$ 个指标相关性太大，应该删除。

二、价值分配指标权重测算

本书采用熵权法确定各级指标层的相对权重，熵权法是一种将主观判断与客观情况相结合确定权重的方法，它尽量避免了各评价指标受人为因素影响的程度，评价结果更具有客观性。住宅产业价值链的价值分配评价指标体系的一级指标有 7 个，假设一级指标 i 分为 m 个二级指标，二级指标 j 分为 n 个三级指标，涉及的各级指标权重集表示如下。

一级指标权重集： $W = (W_1, W_2, W_3, W_4, W_5, W_6, W_7)$

二级指标权重集： $W_i = (W_{i1}, W_{i2}, \cdots, W_{im})$

三级指标权重集： $W_{ij} = (W_{ij1}, W_{ij2}, \cdots, W_{ijn})$

1. 确定三级指标权重

（1）假设有 q 个住宅产业价值评价专家，评价标准集为
$$Y = (Y_1, Y_2, Y_3, Y_4, Y_5) = (\text{高、较高、中等、一般、低})$$
$$= \{[8-10], [6-8], [4-6], [2-4], [0-2]\}$$

每位专家针对 n 个三级指标进行评判，以建立三级指标评判矩阵，其中 $r_{k(ijg)}$ 为第 k 个专家对三级指标 g 的测评值。

$$R_{k(ij)} = \begin{bmatrix} r_{1(ij1)} & r_{1(ij2)} & \cdots & r_{1(ijn)} \\ r_{2(ij1)} & r_{2(ij2)} & \cdots & r_{2(ijn)} \\ \vdots & \vdots & & \vdots \\ r_{q(ij1)} & r_{q(ij2)} & \cdots & r_{q(ijn)} \end{bmatrix} \tag{2-3}$$

$$(k=1,2,\cdots,q; i=1,2,\cdots,7; j=1,2,\cdots,m; g=1,2,\cdots,n)$$

（2）对数据进行无量纲化处理，使用区间值化处理，另外因为本书设置的指标为越大越优型，所以方法为

$$r'_{k(ijg)} = \frac{r_{k(ijg)} - \min\limits_{g} r_{k(ijg)}}{\max\limits_{g} r_{k(ijg)} - \min\limits_{g} r_{k(ijg)}} \tag{2-4}$$

归一化处理后，得到归一化三级指标评判矩阵：

$$R'_{k(ij)} = \begin{bmatrix} r'_{1(ij1)} & r'_{1(ij2)} & \cdots & r'_{1(ijn)} \\ r'_{2(ij1)} & r'_{2(ij2)} & \cdots & r'_{2(ijn)} \\ \vdots & \vdots & & \vdots \\ r'_{q(ij1)} & r'_{q(ij2)} & \cdots & r'_{q(ijn)} \end{bmatrix} \tag{2-5}$$

（3）计算第 k 位专家的评价值在第 g 个评价指标下的比重，方法如下：

$$p_{k(ijg)} = \frac{r'_{k(ijg)}}{\sum\limits_{k=1}^{q} r'_{k(ijg)}} \tag{2-6}$$

但因为当 $p_{k(ijg)} = 0$ 时，$\ln p_{k(ijg)}$ 无意义，所以将 $p_{k(ijg)}$ 修正为

$$p_{k(ijg)} = \frac{1 + r'_{k(ijg)}}{1 + \sum\limits_{k=1}^{q} r'_{k(ijg)}} \tag{2-7}$$

（4）计算第 g 个评价指标的熵：

$$e_{ijg} = \frac{-1}{\ln q} \sum\limits_{k=1}^{q} p_{k(ijg)} \ln p_{k(ijg)} \tag{2-8}$$

（5）计算第 g 个评价指标的熵权：

$$w_{ijg} = \frac{(1 - e_{ijg})}{\sum\limits_{g=1}^{n} (1 - e_{ijg})} \tag{2-9}$$

经过上述步骤，获得三级指标权重集 $W_{ij} = (W_{ij1}, W_{ij2}, \cdots, W_{ijn})$。其中，$i=1,2,\cdots,7$；$j=1,2,\cdots,m$。

2. 确定二级指标权重

$$w_{ij} = \frac{\sum\limits_{g=1}^{n}(1-e_{ijg})}{\sum\limits_{j=1}^{m}\sum\limits_{g=1}^{n}(1-e_{ijg})} \tag{2-10}$$

由此，获得二级指标权重集 $W_i = (W_{i1}, W_{i2}, \cdots, W_{im})$。其中，$i=1,2,\cdots,7$。

3. 确定一级指标权重

$$w_i = \frac{\sum\limits_{j=1}^{m}\sum\limits_{g=1}^{n}(1-e_{ijg})}{\sum\limits_{i=1}^{8}\sum\limits_{j=1}^{m}\sum\limits_{g=1}^{n}(1-e_{ijg})} \tag{2-11}$$

由此，获得一级指标权重集 $W = (W_1, W_2, W_3, W_4, W_5, W_6, W_7)$。

三、价值分配评价矩阵构建

因为构建了三个层级的住宅产业价值链价值分配评价指标，所以本书利用了多层次模糊综合评价法的基本思想来获得住宅产业价值链的价值分配评价体系的一级指标的价值属性矩阵，以最终获得价值分配矩阵。基于研究目标及评价指标的特点，选用加权平均型算子 $M(\bullet, \oplus)$ 作为模糊综合评价法常用的算法。

步骤一：利用归一化后三级指标评判矩阵 $R'_{k(ij)}$（式（2-5）），结合三级指标权重集 $W_{ij} = (W_{ij1}, W_{ij2}, \cdots, W_{ijn})$，运用模糊运算法则，进行综合运算，得到二级评价指标对评价集的隶属向量 $R_{k(ij)}$：

$$R_{k(ij)} = R'_{k(ij)} \circ (W_{ij})^{\mathrm{T}} = \begin{bmatrix} r'_{1(i1)} & r'_{1(i2)} & \cdots & r'_{1(im)} \\ r'_{2(i1)} & r'_{2(i2)} & \cdots & r'_{2(im)} \\ \vdots & \vdots & & \vdots \\ r'_{q(i1)} & r'_{q(i2)} & \cdots & r'_{q(im)} \end{bmatrix}$$

$$= \begin{bmatrix} r'_{1(ij1)} & r'_{1(ij2)} & \cdots & r'_{1(ijn)} \\ r'_{2(ij1)} & r'_{2(ij2)} & \cdots & r'_{2(ijn)} \\ \vdots & \vdots & & \vdots \\ r'_{q(ij1)} & r'_{q(ij2)} & \cdots & r'_{q(ijn)} \end{bmatrix} \circ (W_{ij1}, W_{ij2}, \cdots, W_{ijn})^{\mathrm{T}} \tag{2-12}$$

步骤二：结合二级指标权重集 $W_i = (W_{i1}, W_{i2}, \cdots, W_{im})$，运用模糊运算法则，进行综合运算，得到一级评价指标对评价集的隶属向量 $R_{k(i)}$：

$$R_{k(i)} = R_{k(ij)} \circ (W_i)^{\mathrm{T}} = \begin{bmatrix} r'_{1(1)} & r'_{1(2)} & \cdots & r'_{1(8)} \\ r'_{2(1)} & r'_{2(2)} & \cdots & r'_{2(8)} \\ \vdots & \vdots & & \vdots \\ r'_{q(1)} & r'_{q(2)} & \cdots & r'_{q(8)} \end{bmatrix}$$

$$= \begin{bmatrix} r'_{1(i1)} & r'_{1(i2)} & \cdots & r'_{1(im)} \\ r'_{2(i1)} & r'_{2(i2)} & \cdots & r'_{2(im)} \\ \vdots & \vdots & & \vdots \\ r'_{q(i1)} & r'_{q(i2)} & \cdots & r'_{q(im)} \end{bmatrix} \circ (W_{i1}, W_{i2}, \cdots, W_{im})^{\mathrm{T}} \qquad (2\text{-}13)$$

步骤三：结合一级指标权重集 $W = (W_1, W_2, W_3, W_4, W_5, W_6, W_7)$，运用模糊运算法则，进行综合运算，得到一级指标的价值属性矩阵 V：

$$V = R_{(k)} \circ (W)^{\mathrm{T}} = \begin{bmatrix} v_{1(1)} & v_{1(2)} & \cdots & v_{1(8)} \\ v_{2(1)} & v_{2(2)} & \cdots & v_{2(8)} \\ \vdots & \vdots & & \vdots \\ v_{q(1)} & v_{q(2)} & \cdots & v_{q(8)} \end{bmatrix}$$

$$= \begin{bmatrix} r'_{1(1)} & r'_{1(2)} & \cdots & r'_{1(8)} \\ r'_{2(1)} & r'_{2(2)} & \cdots & r'_{2(8)} \\ \vdots & \vdots & & \vdots \\ r'_{q(1)} & r'_{q(2)} & \cdots & r'_{q(8)} \end{bmatrix} \circ (W_1, W_2, \cdots, W_8)^{\mathrm{T}} \qquad (2\text{-}14)$$

其中，$v_{k(i)}$ 为经过计算获得的专家 k 对住宅产业价值链第 i 个一级指标的价值属性定值。

四、价值分配曲线勾勒

在获得住宅产业价值链一级指标价值属性矩阵 V 之后，求取矩阵 V 中每列的平均值，以获得住宅产业价值链七个价值创造环节的价值分配 V^*：

$$V^* = \mathrm{average}\{v_{k(i)} \mid k = 1, 2, \cdots, q\} \quad (i = 1, 2, \cdots, 7) \qquad (2\text{-}15)$$

为了达到研究目的，本书欲根据 V^* 矩阵中的各个值，利用曲线估计的方法勾勒出住宅产业价值链各价值创造环节（投资分析环节、资金筹集环节、土地获取环节、规划设计环节、工程建设环节、市场营销环节、物业管理环节）的价值分配曲线。

第五节　住宅产业价值链价值分配现状剖析

一、住宅产业价值链价值分配评价指标筛选

本节将利用极大不相关法对较复杂的规划设计价值 X_4、工程建设价值

X_5、营销价值 X_6 下的三级指标进行指标筛选，以获得最优的价值分配曲线拟合模型。

1. 规划设计价值 X_4 指标筛选

通过运行 SPSS17.0 软件获得各指标的相关系数，并计算出规划设计价值 X_4 下各三级指标的复相关系数，见表 2.3。

表 2.3　规划设计价值指标下各三级指标的复相关系数表

指标名称	规划定位价值 X_{411}	建筑设计价值 X_{421}	环境设计价值 X_{422}	功能设计价值 X_{423}
复相关系数	0.488	0.493	0.470	0.026

通过查询复相关系数检验表，得临界值 $D_{0.1} = 0.6094(g = 1, 2, 3, 4)$，$\rho_{4jg} < D_{0.1}$，说明指标 $X_{411}, X_{421}, X_{422}, X_{423}$ 都不应该删除。

2. 工程建设价值 X_5 指标筛选

同理，计算出工程建设价值 X_5 下各三级指标的复相关系数矩阵表，见表 2.4。

表 2.4　工程建设价值指标下各三级指标的复相关系数表

指标名称	招投标活动价值 X_{511}	工程咨询价值 X_{512}	建筑安装价值 X_{521}	建材与设备价值 X_{522}	装修与装饰价值 X_{523}	工程监理价值 X_{531}
复相关系数	0.719	0.530	0.563	0.648	0.567	0.396

通过查询复相关系数检验表，得到临界值 $D_{0.1} = 0.6893(g = 1, 2, 3, 4, 5, 6)$，所以招投标活动价值 X_{511} 的 $\rho_{511} > D_{0.1}$，说明指标 X_{511} 与其他指标的相关性超过了临界值，应删除，保留的指标为 $X_{512}, X_{521}, X_{522}, X_{523}, X_{531}$。

3. 营销价值 X_6 指标筛选

同理，获得营销价值 X_6 下各三级指标的复相关系数矩阵表，见表 2.5。

表 2.5　营销价值指标下各三级指标的复相关系数

指标名称	营销策划价值 X_{611}	形象包装价值 X_{621}	前期宣传价值 X_{622}	销售活动价值 X_{623}
复相关系数	0.604	0.690	0.582	0.259

通过查询复相关系数检验表，得临界值 $D_{0.1} = 0.6094(g = 1, 2, 3, 4)$，$\rho_{621} > D_{0.1}$，说明指标 X_{621} 应删除，应保留的指标为 $X_{611}, X_{622}, X_{623}$。

4. 筛选后指标体系

筛选后住宅产业价值链价值分配评价指标体系见表 2.6。

表 2.6　筛选后的住宅产业价值链价值分配评价指标体系

	一级指标	二级指标	三级指标
住宅产业价值链价值分配评价指标体系	投资分析价值 (X_1, 0.0500)	市场分析价值 (X_{11}, 0.5058)	
		可行性分析价值 (X_{12}, 0.4942)	
	资金价值 (X_2, 0.2313)	自有资金投入价值 (X_{21}, 0.4948)	
		筹集资金投入价值 (X_{22}, 0.5052)	
	土地价值 (X_3, 0.2590)	土地原始价值 (X_{31}, 0.8538)	
		土地开发价值 (X_{32}, 0.1462)	
	规划设计价值 (X_4, 0.1599)	规划定位价值 (X_{41}, 0.2793)	
		设计价值 (X_{42}, 0.7207)	建筑设计价值 (X_{421}, 0.4203)
			环境设计价值 (X_{422}, 0.2899)
			功能设计价值 (X_{423}, 0.2898)
	工程建设价值 (X_5, 0.1913)	前期咨询价值 (X_{51}, 0.3323)	
		建设价值 (X_{52}, 0.4319)	建筑安装价值 (X_{521}, 0.4960)
			建材与设备价值 (X_{522}, 0.3344)
			装修与装饰价值 (X_{523}, 0.1696)
		工程监理价值 (X_{53}, 0.2358)	
	营销价值 (X_6, 0.0574)	营销策划价值 (X_{61}, 0.3276)	
		营销实施价值 (X_{62}, 0.6724)	前期宣传价值 (X_{622}, 0.4951)
			销售活动价值 (X_{623}, 0.5049)
	服务价值 (X_7, 0.0511)	销售服务价值 (X_{71}, 0.4999)	
		物业服务价值 (X_{72}, 0.5001)	

注：表中各指标名称后括号内容为指标的标识符号以及实证分析得到的指标权重。

二、住宅产业价值链价值分配测算

根据前面的测算模型，利用 203 个住宅项目的评定值统计出筛选后指标的各个指标值，进而测算出当前住宅产业价值链价值分配值。

首先，利用熵权法计算各层级指标权重，具体权重见表 2.6 中标识。

其次，利用模糊综合评价方法，将各个样本值进行标准化后，获得各级指标的价值隶属度。

最后，根据式（2-15）计算获得当前住宅产业价值链的价值分配：

$$V^* = (0.0234, 0.1387, 0.1975, 0.0998, 0.1140, 0.0370, 0.0291) \quad (i = 1, 2, \cdots, 7)$$

三、住宅产业价值链价值分配曲线

根据 SPSS17.0 软件的运行，得到判定系数 R^2 最大值为 0.874 的三次函数模拟曲线。其中的模型汇总与参数估计值见表 2.7，模拟的曲线见图 2.7。

表 2.7　模型汇总和参数估计值

方程	模型汇总					参数估计值			
	R^2	F	df_1	df_2	Sig.	常数	b_1	b_2	b_3
三次	0.874	6.961	3	3	0.073	−0.214	0.310	−0.076	0.005

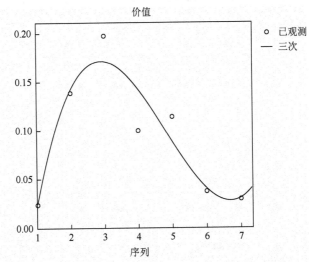

1-投资分析价值；　　2-资金价值；　　3-土地价值；　　4-规划设计价值；
5-工程建设价值；　　6-营销价值；　　7-服务价值

图 2.7　住宅产业价值链的价值分配图

从图 2.7 可以看出，我国住宅产业价值链中，土地价值为最大，其次为资金价值，工程建设价值排第三，后面依次为规划设计价值、营销价值、服务价值、投资分析价值。这表明我国当前的住宅产业价值大部分还集中在土地价值与资金价值环节，即当前的产业价值大部分集中于政府与投资者（包括房地产开发企业）手中。与此同时，产业价值链各个价值创造环节的价值都普遍较低，尤其是产业链上下两端的投资分析价值、营销价值、服务价值非常低，即处于当前产业链两端的价值主体能够获得的价值非常少，这就造成了他们在产业链中掌握的话语权也少之又少，导致产业发展缺乏一个公平、协调的运行机制。

四、住宅产业价值链价值分配存在的问题

通过现状调查，得出我国住宅产业价值链价值分配存在着以下问题。

（1）从产业价值链整体水平来看，一方面，我国住宅产业价值链的两端价值太低，价值创造与价值分配不匹配，导致产业价值链的有效延伸与拓展比较缓慢；另一方面，产业价值链的各个价值创造环节价值普遍偏低，各个价值创造环节之间的合作不足，无法发挥出产业价值链整体合力的优势。

（2）投资分析价值非常低，未将其基础性的作用发挥出来。从图 2.7 可得，住宅产业价值链中的投资分析价值为整个价值链的最低点，说明当前产业链的发展对其不够重视，也就是说，当前我国住宅产业价值链在发展过程中还未形成以消费者需求为价值中心的产业结构，缺乏对市场需求的充分认识，致使产业链的后续环节发展不协调。

（3）住宅产业发展太过于依赖土地价值与资金价值。从图 2.7 可以看出，住宅产业价值链中土地价值为最高，占 7 个环节总值的 30.89%，资金价值占21.69%，两者累计达 52.58%，已经占有了整个产业价值链的过半价值，说明当前我国住宅产业价值链大部分价值集中于政府部门、房地产开发企业及各投资者，完全违背了在期望的合理产业价值分配中提出的较低土地价值与资金价值。

（4）工程建设价值过低。住宅产业的建设阶段集聚了大量的价值活动及相应的价值主体，如果价值量太低，将会激化建筑业的内部竞争程度，直接导致无法保证完成住宅项目的质量，从而影响了住房需求者的购房信心，影响产业价值链的正常运行。

（5）营销价值和服务价值偏低。营销服务阶段是住宅产业价值链实现最终价值的直接阶段，较低的价值说明当前住宅产业的下游结构不完善，下游的价值主体能够获得的价值非常有限。例如，物业服务环节是将住宅产业价值链向下游拓展的一个重要环节，而在这个环节的价值仅占产业总价值的 4.55%，这不仅影响了下游价值主体的价值获取能力，还影响了住宅产业价值链的拓展与升级。

第三章　住宅产业生态价值链系统构建

第一节　住宅产业生态价值链构建基础分析

一、宏观调控政策的保证

自 2003 年起，住宅产业经历了从 2003 年的不断升温到 2007 年达到顶峰阶段、2008 年受到全球金融危机与国家宏观调控政策的影响进入市场低迷阶段、2008 年下半年的政府救市到 2011 年的回暖升温阶段、2012 年至今的产业结构调整阶段。在这个过程中，国家出台并实施了一系列房地产宏观调控政策，不断完善行业制度，促进房地产市场持续健康发展，实现产业升级。到 2003 年初，我国政府对于房地产业的宏观调控已经成为一种常态，政策措施也趋于系统化，更重要的是政策措施也由以往的抑制市场过热为目的转为引导市场有效自我调节为目的，从而促使住宅市场朝着健康、稳定的发展方向前进，为住宅产业的进一步升级奠定了市场基础。

从 2003 年开始，我国政府针对房地产业的调控政策越来越密集，越来越系统化。从政策的高度来讲，房地产调控政策已经提高到了政治高度，自 2005 年便建立了政府负责制。从政策的内容来看，房地产调控政策包括行业管制、土地管制、信贷政策、税收政策、信息制度以及保障性住房制度等各方面。例如，行业管制包括预售许可证的审批、90/70 政策、房产经纪行业的规范、不以房地产为主业的中央企业退出房地产业务、商品住房限购措施等；土地管制包括土地供应数量控制、容积率控制、土地出让金缴付、土地开发期限等要求；信贷政策包括存贷款利率的调整、首付比例的要求等；税收政策包括房产税、营业税、契税、印花税、土地增值税等的调整措施；信息制度包括住房信息网的联网构建、房地产统计和信息披露制度等。从政策的调控环节来看，房地产调控政策不仅从开发环节来控制，也深入交易与消费层面。例如，住房供应结构与用地供应结构的调整属于开发环节的调控；房产税的试点与推广、住房转让环节的税收政策属于房地产交易阶段的调控；住房贷款利率、首付比例等政策属于房地产消费层面的调控。

此外，我国的房地产宏观调控政策已经由抑制市场过热为目的转为引导市场有效自我调节为目的。截至 2008 年上半年，中央政府为了抑制房地产市场过热，防止房价上涨过快，通过新旧国八条、国六条、土地供应控制、2007 年的 5 次加息以及上调存款准备金率至历史最高位等措施，使房地产市场热度有所降温。在经历了全球金融危机之后的政府救市政策后，房地产调控政策越来越趋于理性，主要以规范市场行为、引导市场有效自我调节、促进住房公平为主。例如，房产税的试点与推广、保障性住房的建设、住房信息网的联网构建等，尤其在2013年中共十八届三中全会公报中提到要建立公平开放透明的市场规则，完善主要由市场决定价格的机制，建立城乡统一的建设用地市场，完善金融市场体系，完善城镇化健康发展体制机制等内容则带给市场更广泛的发展空间。

由此可得，我国住宅市场在宏观调控政策的引导下，房价快速上涨的势头有所缓解，住宅投资结构出现积极变化，房地产投机因素明显减少，住宅市场朝着稳定、健康的发展方向前进。继而，随着市场的不断完善，住宅市场化的推进也进入了一个崭新的阶段。那么，在此前提下，住宅产业的升级优化必然由传统的产业链甲乙方关系升级为合作共生的关系，由原来的资源依赖型产业升级为低碳、循环并与资源、环境和谐共生的绿色产业，并以最有效的价值链组合来实现资源的有效配置及价值创造，从而实现产业价值增值最大化与产业价值合理分配。

二、企业竞争力的保证

自2003年以来，经历了一系列宏观调控政策的调整、全球金融危机的撞击、全国经济结构的调整、市场低迷期的考验，住宅产业链上的各个企业主体也经历了一次次的洗牌，这也意味着房地产开发企业只要拿到土地就铁定赚个"盆满钵溢"的黄金日子已经不复存在了，这对企业的融资能力、抗风险能力以及可持续发展能力提出了更高的要求。

面对收紧的宏观调控政策、全球金融危机、经济结构调整以及市场的低迷反应，房地产开发企业的资金来源持续下滑，从银行到证券市场的融资渠道越收越紧，企业自有资金所占的比例越来越高。房地产开发企业融资难的困境将加速中小型开发企业被淘汰出局的进程，一些地方的中小型开发企业由于难以筹措资金，甚至不得不将手中的土地转卖或以项目、股权来融资。而具有一定资金实力的知名房地产开发企业陆续通过上市、进军银行业等方式来保证资金流的充沛和资金链的稳定。例如，从2009年开始，绿地、万科、华润置地等陆续打通银行融资渠道，或控股或入股，进军银行业，从而拓宽自身的融资渠道。同时，经过多次的行业洗牌，房地产行业发展导向已由之前的利润导向向如今的风险控制导向转移。面对不断变换的产业政策风险、经济风险以及社会风险等不可控的风险因素，具有一定实力的房地产开发企业纷纷与产业链上的其他企业主体构建战略联盟，如万科与中天建设，从而提高抵御风险的能力，实现企业的长远发展。此外，在全球资源、能源储备下降以及住宅市场对绿色、生态建筑的需求不断高涨的背景下，绿色环保和产业生态化成为未来住宅产业链的发展方向，并促使经过多次洗牌而存活下来的企业增强可持续发展的能力。例如，中国建筑、中铁建设、中天建设、上海建工等建筑企业不断研发绿色生态技术，实施节能、节油、节材、绿色施工，从而在住宅建设中保持行业领先水平。

换言之，经过了多次洗牌而依然屹立于市场中的企业不但拥有多渠道融资方式、较强的抗风险能力，而且也有较强的可持续发展能力。而这些能力为住宅产业的升级调整，发展住宅产业生态化、可持续发展的新型模式奠定了扎实的基础。

第二节　住宅产业生态价值链的内涵界定

一、产业生态价值链的含义

产业生态系统是"社会—经济—自然"的复合生态系统。生态管理（eco-management）就是运用生态学、经济学和社会学等跨学科的原理、系统工程的手段和现代科学技术来管理人类行为对环境的影响，力图平衡发展与生态环境保护之间的冲突，最终实现经济、社会和生态环境的协调可持续发展。其本质内涵便是动员全社会的力量优化系统功能，变企业产品价值导向为社会服务功能导向，化环境行为为企业、产业、政府和民众的联合行为，将内部的技术、体制、文化与外部的资源、环境、政策融为一体，使资源得以高效利用，人与自然高度和谐，社会经济持续发展。

产业生态管理（industrial eco-management）是以生态学、经济学、社会学、管理学等理论为基本理论研究产业运行全过程，探索产业运行中投入与产出（资源、产品及废物）的代谢规律和耦合调控方法，探讨促进资源的有效利用和环境的正面影响的管理手段。产业生态管理强调经济与生态、社会的平衡发展，是一种挑战传统产业管理模式的创新科学管理范式。产业生态管理聚焦产业发展中各种自然生态因素、技术物理因素和社会文化因素的耦合作用；聚焦产业发展中物质代谢过程、信息反馈过程和生态演替过程的健康程度；聚焦经济生产、社会生活及自然调节功能的强弱和活力，运用系统工程的手段和生态学原理去探讨产业生态系统的动力学机制和控制论方法，协调产业内部、经济与环境、局部与整体之间在时间、空间、数量、结构、序理上复杂的耦合关系，将产业中原本单一的生物环节、物理环节、经济环节、社会环节和环境环节整合成为一个有强生命力的产业生命系统，调节系统的主导性与多样性、开放性与自主性、灵活性与稳定性，力图平衡产业发展和生态环境保护之间的冲突，最终实现经济、社会和生态环境的协调可持续发展。

生态价值链（ecological value chain）是生态学理论、循环经济理论与价值链理论的完美结合，是利用生态学理论、循环经济理论对价值链的重组和创新，它运用生态学理论的内涵以及循环经济理论中的减量化、再利用、资源化等原则改造和重组价值链。与 Porter 构建的理想价值链的理论相比，结合当前企业面临的市场竞争需要和长远发展需要，构建和创新一个有利于企业长远发展的生态价值链更显得迫切。因为生态经济与循环经济的发展模式已成为 21 世纪经济发展的主流，所以对于一个企业来说，要根据市场情况把生态经济、循环经济的理念融入企业自己的战略决策中，通过对传统价值链的重组和创新促使企业的价值链更具有核心竞争力。也可理解成，生态价值链就是一种以生态经济为导向的企业组织协调与整合的集成制度创新。

随着企业经营的专业化、价值链理论的不断拓展与延伸，众多学者专家意识到价值链不仅包括企业的内部价值链（internal value chain），还存在着更大的价值系统（value system），这个价值系统包括企业之外的供应商价值链、销售渠道价值链和客户价值链等，进而形成了产业价值链（industrial value chain）。换言之，产业价值链便是企业价值链向产业层面延伸拓展而来的更广泛的一种价值链理论，强调价值链理论扩展到产业链上后价值的组织形式，是产业链上价值创造、增值和传递的循环链条，它体现的是产业链上更深层次的价值内涵。同理，将企业内部的生态价值链（internal ecological value chain）逐渐向产业层面延伸拓展，以其生态价值挖掘为核心导向，挖掘某一产业层面从最原始状态到初步生产、再生产到最终产品并传递至消费者手中这一产业运行中的产业价值，尤其是生态价值的创造、增值和传递过程，进而形成产业生态价值链（eco-industrial value chain）。

产业生态价值链强调的是产业价值最大化、促进产业可持续发展这一最终目标，并强调产业内部的三维属性，即结构属性、资源属性和价值属性。从结构属性上看，产业生态价值链类似产业价值链的结构属性，是指一种产品或者说一个产业所经历的生产—流通—消费全寿命过程中所涉及的各个环节和各个企业组织载体构成的一个网络状链式生态结构，追求价值链上各个企业的和谐共生；从资源属性上看，产业生态价值链讲求资源的减量化、再使用和再循环，它讲求从产业链的起始端到最末端以及产业链与产业链之间所涉及的各类资源的生态使用和循环利用；从价值属性上看，产业生态价值链深度探索产业链运行过程中的价值创造环节，并努力挖掘产业链上的增值空间，并将产业价值进行合理分配。产业链是产业成长、发展的必然产物，是随着产业的形成和完善自然形成的，而不同的产业又具有截然不同的价值链，每个产业价值链的产业价值尤其是生态价值运动过程都有着截然不同的产物，所以，产业生态价值链的构成也存在着很大的差异性，并且处于长期动态的变化之中。

二、住宅产业生态价值链的含义

结合之前描述的生态价值链、产业生态价值链的本质内涵和住宅产业自身特点，本书给出住宅产业生态价值链的含义：指以生态学、价值链、循环经济为理论指导，以满足住宅消费者的市场需求为根本，以促进住宅产业可持续发展为目标的新型产业发展模式，通过仿照生态系统的循环模式讲求产业价值链上各个价值主体合作共生，以最有效的价值链组合来实现资源的有效配置及价值创造；讲求整个价值链系统的生态化发展，以产业资源的低碳绿色和循环利用、产业废料的排放最低化来实现住宅产业与资源、环境的和谐共生，从而实现住宅项目及其相关产品与服务价值增值最大化，确保产业价值合理分配，并与其他资源、环境协调发展的一个动态循环系统。可以从以下几个方面对住宅产业生态产业价值链内涵做出解析。

（1）住宅产业生态价值链是以生态学理论、循环经济理论、价值链理论为理论指导的住宅产业发展新型模式。住宅产业生态价值链以产业生态价值链的结构属性、资源属性和价值属性为基础，解决住宅产业发展与产业资源的可持续利用和环境保护问题，从而实现住宅产业价值的最大化创造与有效价值循环。而生态学理论正是研究产业系统与自然生态系统之间相互关系的学科，循环经济理论正是探索以资源高效利用和循环利用为核心的理论学科，两者都是以可持续发展观来指导产业经济和产业行为，促进产业生态化发展与可持续发展。另外，产业价值链是一条倡导产业通过一系列生产经营活动、追求价值主体合作共生，并以最有效的价值链组合来不断创造产业价值，促进产业价值有效循环的动态链条。在生态学理论、循环经济理论和价值链理论的指导下，住宅产业之所以能够构成生态链条，是以存在合作的产业生态价值空间为基础的，这种产业生态价值空间就是住宅产业生态价值链的构建与发展基础，也是住宅产业发展的新型模式。

（2）住宅产业生态价值链的核心之一是住宅产业系统上各个价值主体的共生进化，共享产业价值。住宅产业生态价值系统中包含一系列相互关联的价值链节点和其他重要的价值主体，包括市场需求者、房地产开发企业、金融机构、策划咨询单位、规划设计部门、建材供应单位、施工单位、中介机构、物业管理公司、各种媒体和政府机构等利益相关"种群"，而"种群"之间又存在着互生、共生、竞争、合作等极其复杂的关系，它们共同组成一个多要素、多侧面、多层次的错综复杂的产业生态系统。因此，住宅产业生态价值系统是一个有生命运动规律的有机体，而非机械组织模式的拼凑和堆砌；住宅产业生态价值系统得以存活和发展的前提是为消费者及所有的价值主体创造价值并合理分配价值，并非仅生产和推销住宅产品；住宅产业生态价值系统的发展战略也主要在于住宅产业内各个价值主体之间的共生进化，合理分享产业价值，而非纯粹的甲乙方关系或者竞争对手。

（3）住宅产业生态价值链的核心之二是讲求整个产业价值链系统的生态化发展。面对当前我国经济体制的转型和资源的枯竭等问题，住宅产业必须将建筑节能、循环经济、与环境的和谐共处等理念融入整个住宅价值链系统中。因此，这就要求在住宅产业的上游输入绿色的资源与能量，提高产业资源利用效率；也要求在住宅产业的中端有效配置资源，加强新系统、新部品、新方法的开发，提高建设的科技含量和资源的利用效率；更要求在住宅产业的下游做到资源的循环利用，减少废弃物的排放，降低给环境带来的负担，提高生态效率与生态价值，使经济效益与环境效益和谐发展。那么，在住宅产业生态价值链的发展中应该逐渐减少含碳较多的非绿色能源物质的使用，尽量采用标准化、低碳、绿色的建筑技术与材料，还要开发住宅产品与服务的标准化、生态化技术以及简单易行的回收技术，促使建筑垃圾、中水等可再生资源的循环利用，从而形成资源的循环流动，逐步实现住宅产业的生态化发展。

（4）住宅产业生态价值链的最终目标是促进住宅产业的可持续发展。根据生态学规律与循环经济的内涵及其减量化、再使用、再循环的原则，住宅产业生态价值链在促进住宅产业价值链系统良性循环的前提下，通过合理利用生态系统的环境和资源，使资源在系统内得到充分开发、循环利用，充分发挥出物质的最大生产潜力，从而减少产业废物的产生。住宅产业生态价值链系统通过企业内部循环、产业循环、产业经济各部门相互协作，使住宅产业在整个价值链过程中（包括住宅项目的开发过程、建造过程和使用过程）对环境的污染和破坏降到尽可能低的程度，从而降低产业发展成本，实现产业内的范围经济，确保产业价值和产业资源不断创造、增值和传递循环，最终实现住宅产业与资源、环境的协调发展。

（5）住宅产业生态价值链是一个稳定动态变化的系统。住宅产业的生态化发展是一个逐步实现、不断进化的演进过程，为了更好地实现住宅产业价值链长期稳定地有序高效运作，随着产业生态系统的物质、能量、信息、价值的不断交替，住宅产业生态价值链必然是一个逐步实现资源利用率、产业价值最大化并合理分配价值的动态系统。

三、住宅产业生态价值链的特点

住宅产业生态价值链是以生态经济、循环经济为基础的住宅产业价值链系统，是模拟生态系统而建立的产业生态经济系统。同时，考虑到住宅产业经济活动的特殊性和复杂性，住宅产业在朝着生态化的新型发展模式而发展的经营活动中必然涉及产业链上各个节点企业的利益，因而体现了住宅产业生产、交换、分配、消费过程中复杂的经济、权利关系。其基本特征如下。

（1）住宅产业生态价值链将追求产业内各个环节、各个企业的和谐共生，从而逐步实现系统的自我循环。从一个普通的住宅产业价值链进化到类似自然生态系统般的生态价值链过程中，住宅产业价值链系统首先要追求的是产业内部物质、资源、能量的自我循环、自我承受、自我进化的目标，住宅产业生态价值链系统进化成为一个以房地产开发企业为关键种群，统筹其他众多价值主体作为卫星种群进行住宅产业协同经营、生态运行的稳定系统，促使进入住宅产业生态价值链系统的物质和能量在各个价值创造环节之间循环，通过产业价值的共同创造与分享，促使一个价值主体的废弃物变为另一个价值主体的资源，实现产业系统的自我循环。

（2）住宅产业生态价值链对生态系统的作用及自然、社会资源的开发利用严格遵循生态系统的内在规律。住宅产业生态价值链中除了产业链上各个节点企业要实现企业内部的生态化改革，尽量节省能源、循环利用资源，更要求产业链中各个企业间建立共生系统，确保产业资源、价值的合理利用与分配，实现产业价值最大化，最终满足社会消费者的需求。例如，在能源与资源的使用中，能源脱碳是生态系统内在规律的一个重要方面，温室效应、烟雾、酸雨、赤潮等环境问题是含碳矿物能源物质使用产生的必然后果。那么在住宅产业生态价值链的发展中应该逐渐减少含碳较多的能源物质的使用，尽量采用非矿物燃料、绿色的建筑技术与材料如透水混凝土、土壤固化剂、轻质隔墙板、亚麻地板等新技术、新材料，提倡更多地使用太阳能、氢能、地热和核能等能源形式代替化学能，以减少废物、废渣、废水、废气等的产生，确保产业与环境的和谐发展。

（3）住宅产业生态价值链要求充分利用每一个价值创造活动的"废料"，以实现产业资源的循环利用和再利用。住宅产业生态价值链的核心便是把住宅产业价值链看作一个系统，应用生态系统中种群共生、物质循环再生的原理，基于完善产业链上各个节点企业内部的价值链系统，利用系统工程和现代科技的方法通过一系列技术链、工艺链、产品链与生态链的组合和连接，促使各个价值创造环节之间的物质转化和能量循环相互协调，讲求循环使用、再循环使用；采用系统工程的最优化方法，促使住宅产业生态价值链实现资源（包括土地、资金、信息、技术、人力、建材等）最大利用率、价值创造最大化并在价值创造过程中与资源、环境和谐共处的共生系统，从而实现住宅产业与其他产业的和谐发展，满足消费者的市场需求。

（4）住宅产业生态价值链改进了产业的工艺设计，促进了住宅产品与服务的非物质化，实现了消费者的最大满意度。住宅产业生态价值链系统旨在动员全产业的系统优化，变企业产品价值导向为社会服务功能导向，化环境行为为企业、政府和民众的联合行为，将内部的技术、体制、文化与外部的资源、环境、政策融为一体，采用适宜的技术经济和废弃物回收利用的价值创造设计，减少废物、废渣、废水、废气等产生的"消耗性污染"。在住宅产业生态价值链改进工艺的基础上，促进住宅产品与服务的价值化，即用同样的资源或更少的资源获得更大价值的产品与服务，提高产业资源的利用率和产品的生态效率，最大化实现社会消费者的满意度。

（5）住宅产业生态价值链的最终目标是产业的可持续发展。住宅产业生态价值链是住宅产业层面的循环经济，以减量化、再利用、资源化为原则，以住宅产业系统的生态化为核心，以低消耗、低排放、高效率为特征，依托产业资源、能源的高效利用和循环利用，追求产业与社会、环境的和谐发展，是坚持可持续发展理念的一种全新住宅产业发展理念与模式。而且这一发展模式也是顺应自然环境、社会环境发展的必然趋势。

基于上述特点的概括可得，住宅产业生态价值链系统区别于一般住宅产业价值链系统的一个重要方面是系统内价值主体共同创造与分享产业价值，进而实现资源与环境的产业自我循环，即住宅产业生态价值链系统在系统内价值主体的耦合基础上，综合地考虑住宅产品和服务的全寿命周期，实现产业内资源与环境的纵向闭合，实现资源的循环利用，并尽量减少排放产业废物。住宅产业生态价值链系统与一般住宅产业价值链系统的区别具体见表3.1。

表 3.1　住宅产业生态价值链系统与一般住宅产业价值链系统的区别比较

比较项目	住宅产业生态价值链系统	一般住宅产业价值链系统
目标	产业价值最大化，合理分配产业价值	单一利润
结构	自循环型、自适应型	链式、刚性
规模	产业多样化、网络化、循环化	产业单一化、大型化
系统耦合关系	侧重纵向、横向耦合，为复合生态系统	侧重合作方式，耦合性低下
经济效益	综合效益高、产业价值大	局部效益高、产业价值低
废弃物	系统内资源化、正效益	向环境排放、负效益
调节机制	内部调节、正负反馈平衡	外部控制、正反馈为主
环境保护	过程控制、低投入、正回报	末端治理、高投入、无回报
行为生态	主动、一专多能、行为人性化	被动、分工专门化、行为机械化
自然生态	与系统外环境构成复合生态体	价值链系统内生产与系统外环境分离
稳定性	抗外部干扰能力强	对外部依赖性高
研发能力	高、开放性	相对较低、封闭性
可持续能力	高	相对较低

第三节　住宅产业生态价值链的基本模型构建

一、住宅产业生态价值链的构建原则

为了实现住宅产业的可持续发展，住宅产业生态价值链系统的构建原则应包括以下几点。

第一，系统性原则。住宅产业生态价值链系统是将消费者、房地产开发企业、金融机构、策划咨询单位、规划设计部门、建材供应单位、施工单位、中介机构、物业管理公司和政府机构等主体的活动有机整合而成的动态系统。从系统性的结构属性来看，住宅产业生态价值链系统上的每个主体之间都存在着紧密的联系，这种联系不仅包括资源和产品等有形产物的交换与传递，还包括技术、信息、价值、服务等无形产物的交换与传递，每个主体的价值活动都可能影响到住宅产业生态价值链上其他主体的活动，甚至影响整个系统的价值创造与分配。为了实现住宅产业的价值最大化与产业生态化，最终满足消费者的需求，实现产业的可持续发展，在设计与构建住宅产业生态价值链系统时，必须考虑系统的整体性、协同性与系统性，在各个主体之间要达到信息、技术共享，使得系统内的价值增值与传递实现同步化、并行化，创建一个非线性、协同与动态的价值链系统。

第二，生态性原则。住宅产业生态价值链系统构建应确保产业的经济利益与生态环境利益相协调、相统一，即要确保产业经济的低消耗、低排放、高效率，力图平衡产业发展和生态环境保护之间的冲突，实现住宅产业价值的循环发展和产业的可持续战略。所以，住宅产业不仅要从产业价值链上的各个节点企业出发，还要从住宅产业层面来考虑如何进行新技术、新材料、新工艺的开发，组织运行管理，尤其在产业运行过程中阶段性产品的处理与利用以及最后废弃物的回收利用，保证在资源利用率最大化的前提下，获得最大的经济利益和环境利益。住宅产业生态价值链系统应建立大系统、大循环观念，既要考虑住宅产业经济的发展，也要考虑住宅产业与外界社会、环境的和谐发展，在创建、衔接和延伸住宅产业价值链的基础上，形成住宅产业资源、信息、技术、价值等与外界环境相协同的、循环流动的链、环、网状结构，最终实现产业价值增值的最大化及产业的可持续发展。

第三，动态性原则。由住宅产业生态价值链的内涵便知，住宅产业生态价值链是一个逐步实现资源利用率和产业价值增值最大化的动态变化的运作系统。一方面，生态价值链上各个节点企业之间存在着大量信息、技术、工艺、材料、能源、价值的流动，例如，上、下游企业之间对产业价值链内其他企业资源的利用，从而带动产业间的资源、信息、技术和价值的流动。另一方面，整个住宅产业生

态价值链为了确保产业发展与环境保护、消费者需求的一致性，它无时无刻与环境、社会外界环境之间存在着大量的信息、技术、工艺、材料、能源、价值的流动和交换，系统内的成员与合作方式也时刻保持着更替交换与更新升级。同时，住宅产业生态价值链系统内的住宅产品与服务、产业资金、产业技术、产业材料与工艺等也随着系统外部技术迅猛发展、产品更替频繁、顾客需求不断变化的市场而变化。所以，在住宅产业生态价值链的构建与设计中，要在理解系统的动态更新的基础上，合理预见各种不确定因素及其影响，加强系统内部及系统与外界环境的信息传递与沟通能力，及时获取市场信息，做到适时调整整个住宅生态价值链系统。

第四，协调性原则。整个住宅产业生态价值链的运行与流通是否顺畅取决于系统上各个节点企业的合作是否和谐，这也是影响着系统的生存与发展问题。在对住宅产业生态价值链进行设计时，必须意识到构建生态价值链的基础是价值链上各个节点间的战略伙伴的合作关系。在系统进行信息、技术、工艺、材料、能源、价值等资源的交替过程中，选择具有较强核心竞争力的企业作为合作伙伴，有利于以较低的成本实现产业生态化有效的创新与升级，因此，生态价值链的各个节点企业在选择战略伙伴时应遵循强强联合的原则。此外，在战略伙伴选择过程中，也要注意选择与本企业具有相融合文化的企业，促使整个价值链的节点企业成员之间不仅具有一定的技术与管理水平，还具有相同的生态经济与循环经济理念，只有这样才能真正建立战略伙伴关系，才能发挥各自最佳的效能，从而真正发挥系统协同的作用。

第五，简洁性原则。首先，简洁的住宅产业生态价值链可以增加产业价值链的协调性，降低产业内部合作的交易费用，从而灵活、快速地响应并满足消费者的需求。其次，简洁的住宅产业生态价值链有利于产业信息传递的便捷性，减少外界因素对系统的干扰，增强住宅产业应对市场风险的能力。最后，简洁的住宅产业生态价值链可以缩短整个产业运行周期，降低寻找合作企业的成本，促进业务流程的快速组合，实现产业价值的加速增值。因此，住宅产业生态价值链的构建应该尽可能做到简单设计，统筹兼顾，达到系统最优。

二、住宅产业生态价值链的构建步骤与要点

结合住宅产业生态价值链的特点，在满足系统性、生态性、动态性、协调性和简洁性的基本原则下，住宅产业生态价值链的构建步骤应是在住宅市场分析、住宅产业发展现状剖析及住宅产业生态调查的基础上，完成住宅产业生态价值链的结构构筑与优选，再结合住宅产业生态价值链的战略设计进行住宅产业生态价值链的价值创造与分配实施，进而进行住宅产业生态价值链的运行检测来审核系

统构建的合理性，在经过多次的调试与检测后最终实现住宅产业生态价值链的构筑，具体见图 3.1。

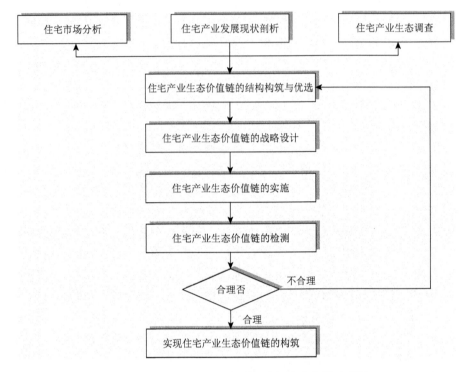

图 3.1　住宅产业生态价值链设计与构建步骤示意图

住宅市场分析，即通过住宅的宏观市场、区域市场、微观市场的分析，选择和确定目标市场及消费者特征，促使住宅产业生态价值链从"市场需求"出发。分析市场特征的过程要对产业价值链上各个价值主体、消费者和市场竞争者进行调查，分析的内容主要包括：①分析消费市场的特征与需求状态、相应企业与消费者对住宅项目的需求倾向，划分顾客群体、确定目标顾客群体，重点分析相应企业与消费者对某类住宅项目的认知与接受程度，分析住宅项目的类型、结构、布局等特征；②对项目所在区域的某类住宅项目进行竞争者分析，掌握竞争者的开发价值链及其市场的接受程度；③对于市场的不确定性与风险要进行充分的分析与评价。

住宅产业发展现状剖析，即根据住宅产业特征，主要分析当前住宅产业发展模式、住宅产业目前发展中存在的问题、主要竞争者的定位与实力，以及影响住宅发展的现有矛盾等因素，着重于分析住宅产业生态价值链战略设计的研究方向。

住宅产业生态调查，即从住宅产业价值链最顶端开始，主要调查分析当前住宅产业运行中与环境保护、资源利用发展战略相违背之处，收集住宅项目、技术水平、工艺流程、资源利用、废物排放等高耗能、低效率等因素，着重探索住宅产业生态价值链设计与安排的改进方向。

住宅产业生态价值链的结构构筑与优选主要包括：①住宅产业生态价值链的价值创造与增值过程，具体包括市场研究、投资决策、前期策划、投融资、土地获取与开发、勘察设计、建筑施工、装饰装修、营销推广、销售（或者招租）、物业服务、使用维修等价值创造过程的有效组合；②住宅产业生态价值链的产业资源利用与循环设计，主要包括土地、建材、水、能源以及生态系统等循环设计；③住宅产业生态价值链运行时应遵循的基本原则，包括减量化、再使用、再循环、环保、消减有毒物质、全寿命周期成本及质量控制等的设置。

住宅产业生态价值链的战略设计，是指在分析和总结住宅产业现状、市场竞争环境和产业生态效率调查，尤其对于市场的不确定性分析和评价的基础上，确定住宅产业生态升级的总方针、政策和生态价值链总体规划及设计，从战略上定义价值链的包含范围以及内容，确定价值链的任务、功能、目标、投资需求、发展柔性。住宅产业生态价值链系统设计必须结合促进住宅产业生态化与可持续发展这一系统发展目标，因此，住宅产业生态价值链系统必须具有长期性和相对稳定性，系统内所有成员都必须要为之努力、为之"共生进化"，使住宅产业在整体上获得较高的价值并得到合理分配，促进产业整体生态化升级。

住宅产业生态价值链的实施，是基于住宅产业生态价值链的构建，进入系统正常的实施阶段，具体包括：住宅产业生态化的开发与经营、产业资源的合理配置与利用、价值创造与流通、价值的实现与分配等。此外，在实施阶段要注意住宅产业生态价值链系统内物质流、能量流、技术流、信息流、资金流、废物流、价值流的动态控制，确保产业资源、技术、信息、资金、产品、价值系统的配置等得到有效运作。

住宅产业生态价值链的检测，是指通过一定的技术和方法对住宅产业生态价值链系统运行实施成果的检测与鉴定，具体包括：产业资源的利用效率鉴定、价值创造与流动渠道的衡量测定、价值分配的合理性鉴定等。因此，在住宅产业生态价值链的实施过程中，检验住宅产业生态价值链设计的合理性是促进住宅产业生态价值链能够不断调整的必要步骤，从而促进住宅产业的生态化升级。

此外，在了解设计和重构住宅产业价值链的基础上，必须要掌握由当前一般的住宅产业价值链向住宅产业生态价值链转变的要点：第一，要对当前的住宅产品结构、布局、质量进行调整优化，逐步实现生态住宅的全装修，实现住宅产品结构、布局和资源、环境一致性的战略性调整；第二，在住宅产业价值链系统运作时，从产品的策划定位、规划设计、施工作业到市场营销、物业管理、后期维护的全过程中，不断引进现代绿色技术、工艺、方法，从而改变住宅产业当前的高消耗、高排放的现状；第三，提高当前住宅产业的自动化、数字化和非物质化水平，从而实现住宅产业的高效率运作；第四，要做好产业污染控制、清洁运行，并将排放物资源化与循环利用。其中，在住宅产业价值链生态化过程中，应全面实行绿色、生态价值链管理。绿色、生态价值链是全面综合考虑整个住宅产业价值链中各个价值创造环节的环境问题，注重对环境的保护，促进经济与环境的协调发展，其主要内容包括：绿色策划、绿色设计、绿色材料选择、绿色施工工艺、绿色营销、绿色消费、绿色回收、绿色维护等。从当前住宅产业价值链升级至住宅产业生态价值链的过程见图 3.2。

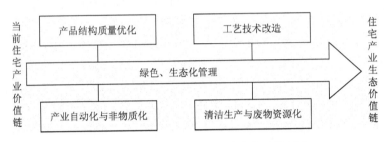

图 3.2　当前住宅产业价值链生态化改革要点

三、住宅产业生态价值链的基本模型

住宅产业生态价值链是住宅产业内价值主体合作共生与资源、环境和谐共生的动态循环系统，它不同于一般的产业价值链，也不同于一般的生态价值链，它在链条结构、链结关系及生产方式的组织上存在着诸多独特之处。本书将从产业生态运作原则、价值创造与实现过程、产业资源与能源的循环利用三个方面来构建住宅产业生态价值链的基本模型，具体见图 3.3。

在实现住宅产业价值链的生态进化过程中，住宅产业运作的生态原则是至关重要的，这些基本原则贯穿于产业运作的全部价值创造与分配过程，也贯穿于产业资源和能源利用与处理的全寿命周期中。这些基本的生态原则包括：共享产业资源、共创产业价值、共享产业价值、资源消耗减量化、资源再使用、资源利用再循环、保护自然生态、废弃有毒物质、全寿命周期成本控制以及质量控制等。

住宅产业生态价值链的价值创造过程是全面的、系统的，而且是可循环的，具体包括：住宅项目的市场研究、前期策划、投资决策、投融资、土地开发、勘察设计、建筑施工、装饰装修、营销推广、销售（或者招租）、物业服务、使用维修等价值创造过程，这些价值创造过程分别由市场研究机构、策划咨询单位、房地产开发企业、金融机构、土地的所有者、规划设计部门、建材供应单位、施工单位、中介服务机构、各种推广媒介、物业管理公司和政府机构等价值主体，依照生态原则相互合作、相互学习，从而实现产业价值的创造与传递。

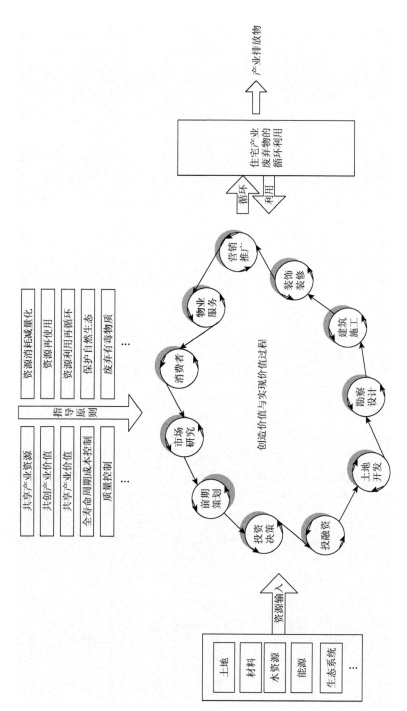

图 3.3 住宅产业生态价值链系统示意图

传统的住宅产业价值链以产业价值最大化为目标，但是在生态原则的指导下，住宅产业价值链内的价值创造环节不仅要求共享产业资源、共同创造与分享产业价值，还要求实现整个产业系统的全社会循环发展，实现可持续发展目标，这就需要住宅产业打破产业价值链内部的束缚，将产业价值链向生态化进化延伸。第一，住宅产业生态价值链的每个价值创造环节应该延长生态经济、循环经济条件下的生产方式，通过对价值创造过程中副产品的减量与再处理，以及对产业资源与能量使用后残余物的回收再利用，促使有限的资源能创造出更大的利用价值；第二，住宅产业生态价值链应该加强每个价值创造过程的相互合作、相互学习能力，利用生态经济与循环经济理念将各个价值创造过程串联起来（如利用处理后的副产品作为新的原材料供应给其他价值创造过程使用），实现住宅产业价值的最大化，促进住宅产业生态价值链的环状或网状化，提升其稳定性与可持续性。

产业资源的循环利用是当前住宅产业生态价值链进化的重点，只有真正构建了住宅产业系统内的资源与能源的循环产业价值链，才能实现住宅产业价值链的生态化进化，即按照环境系统与住宅产业价值链系统之间物质流动的方向，在住宅产业价值链系统的物质入口增加资源保护产业，在系统内部加强资源与能源的循环利用，在出口端进一步加强废物处置的环境保护产业，旨在建立具有环境功能的资源保护和环境保护的住宅产业。住宅产业利用的资源主要包括土地、建材、水、能源以及生态系统等。

依据生态原则，土地资源的利用必须减少未开发土地、原生态土地、农业用地的开发利用；尽量将住宅项目规划设计在已有城市中，从而避免过分的城市扩张和对汽车、石油、燃料的过分依赖，减轻城市环境的压力；充分利用城市旧区改造土地与荒废土地，从而提升城市土地利用效率。建筑材料的生态利用，必须积极利用可再生能源开发节能材料，并全面处理材料废弃物，利用废弃物创造再生价值，减少对环境造成的压力。在水资源的生态利用方面，住宅产业也面临着水资源的逐渐匮乏与水资源保护的严峻问题，因此住宅产业应尽量使用再生水、雨水以及低流量管道装置、节水型园艺技术、污水处理技术、雨水管理技术等节水型技术。在能源保护方面，要求尽量设计构筑具有较好传导性、对流性、热辐射传递的外立面，利用可再生的能源，全面推广被动式设计理念等技术方法来增加能源利用率，减少二氧化碳的排放与缓解气候变化。在生态系统的保护方面应重视生态系统与住宅产业的协同效应，充分发挥生态系统的整合功能，从而利用生态系统来代替住宅产业传统的制作过程与复杂技术，降低住宅产业额外负担，提高废弃物处理和收集雨水等节能技术水平。

第四节　住宅产业生态价值链的结构模型构筑

一、住宅产业生态价值链的静态结构

住宅产业生态价值链系统在生态系统基本原则的指导下，房地产开发企业、市场调研公司、策划公司、规划设计单位、建筑施工单位、材料供应商、装饰装修单位、营销推广单位、销售代理、物业管理企业、不同消费群体等组成的价值主体通过系统上的物质流、能量流、技术流、信息流、资金流、废物流、价值流的动态控制，完成住宅产品与服务的投资意向、土地开发、规划设计、建筑施工、装饰装修、营销推广、物业服务等环节，直到完成最终住宅产品消费与服务。住宅产业在高效的生态价值链运行下，取得了产业链上各个主体之间超越界限的组合与协同，实现了价值链上所有价值主体的多赢和共赢，以及产业资源的循环利用和再利用，从而达到了住宅产业的可持续发展。

根据住宅产业的特点，住宅产业生态价值链的静态结构模型直观地表明了在生态原则的指导下住宅产业生态价值主体的构成，即主要由市场研究机构、策划咨询单位、房地产开发企业、金融机构、土地的所有者、规划设计部门、建材供应单位、施工单位、装饰装修单位、中介服务机构、各种推广媒介、物业管理公司和政府机构以及不同消费群体组成的多个价值创造合作的群体，具体见图3.4。在共享产业资源、共创产业价值、共享产业价值、资源消耗减量化、资源再使用、资源利用再循环、保护自然生态、废弃有毒物质、全寿命周期成本控制以及质量控制等生态原则的指导下，市场调研机构从消费者市场获得需求信息，同时将这些信息传递给房地产开发企业、策划咨询单位、投融资机构、规划设计部门等产业链上的各个价值主体，房地产开发企业作为产业价值建设的经营者、管理者，获取投融资机构提供的资金、政府部门供给的土地、规划设计单位提供的规划方案、咨询服务机构提供的咨询成果、建筑施工单位提供的建筑成果，最终通过营销推广机构将住宅产品推向市场，接着物业管理公司将物业服务提供给消费者，从而实现住宅产业生态价值链的正常运作。

房地产开发企业作为产业运行的管理者与核心，带动着住宅产业生态价值链系统的正常运行。所以，住宅产业生态价值链系统实现与运行的顺畅与否很大程度上取决于生态价值链中房地产开发企业的管理能力与核心影响力。房地产开发企业作为核心企业，能够影响生态价值链上的其他价值主体，督促生态价值链上的价值主体在实现产业价值最大化的基础上共享资源与价值，也只有这样才能使住宅产业生态价值链系统有效地延伸和拓展，例如，将住宅产业废料转化为产业的循环价值，实现产业系统的自我循环，进而实现产业系统与环境、社会的和谐共处。

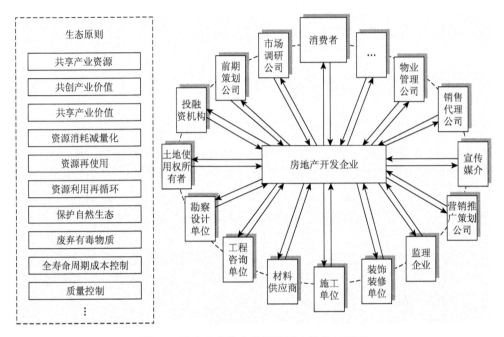

图 3.4　住宅产业生态价值链静态结构示意图

二、住宅产业生态价值链的动态结构

住宅产业生态价值链静态结构模型分析了其价值链系统的基本构成，图 3.5 的动态结构模型在整体上动态地描述了住宅产业生态价值链结构。随着住宅产品（有形的产品与无形的服务）历经市场研究、前期策划、投资决策、投融资、土地的获取与开发、勘察设计、建筑施工、装饰装修、营销推广及销售、物业服务等价值创造环节的合作运营，产业价值得到不断耦合与升级，在各个价值主体共享产业价值的基础上，消费者也获取了最后的价值产品。当然，在这个动态的生态价值链中不仅存在着业务流（技术流）和资金流，还存在着信息流、物质流、能量流、废物流。

住宅产业生态价值链系统的信息包括市场中住宅需求信息、市场交易信息、成本信息、资源信息等。根据需求信息和供给信息，信息流可以分为需求信息流和供给信息流，这是两种不同流向的信息流。箭头从上至下表示产业价值链上的各个价值主体通过消费者获取其需求信息、市场交易信息等，进而进行住宅产业的价值创造并反馈于房地产开发企业，其中在此生态价值链中最明显的信息收集与传递渠道便是市场研究机构接受房地产开发企业的委托，收集消费者的市场信息，并反馈给房地产开发企业，根据生态价值链系统信息共享原则，住宅信息又同住宅产业运行过程中的阶段性产品与服务一起沿着生态价值链从

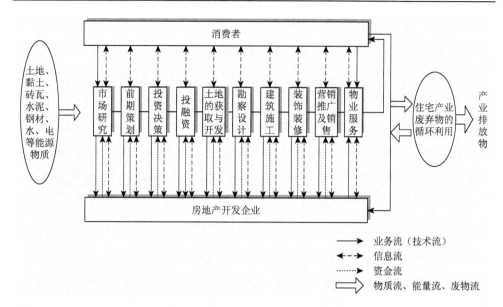

图 3.5　住宅产业生态价值链系统动态结构模型示意图

供给方向需求方传递，房地产开发企业将市场信息传递给其他价值主体，从而实现产业信息的共享。住宅产业生态价值链构建与发展必须建立在各个价值主体间信息的传递与共享基础之上，因此，信息共享是实现住宅产业生态价值链管理的基础之一。

在住宅产业生态价值链系统运行中还存在着资金流和价值流。因为住宅产品与服务拥有着巨大的价值，所以，住宅产品与服务的流动必然带动着资金的流动。住宅产业的资金流和价值流发生在产品与服务的提供者及需求者之间，而且资金流和价值流是流向产品与服务的提供者。此外，在住宅产业生态价值链系统中，资金流和价值流是保证住宅产业生态价值链系统构建与发展的动力，在共同创造价值与合理分享产业价值原则的指导下，系统中每一个价值主体都应该付之于最大的努力去创造价值并享受价值。当然，作为核心企业，房地产开发企业与各节点企业之间也存在着资金与价值的往来。

除了技术流、资金流、价值流和信息流，住宅产业生态价值链系统也注重物质流、能量流、废物流的流向。在住宅产业生态价值链系统运行的指导下，系统内土地、建材、水、能源等产业资源与能量不仅要随着价值创造过程而被转化为产业价值及产业废物，还要求将产业废物不断循环使用，促使产业资源与能量能够获取更大的产业价值。此外，产业资源与能量还要按照环境系统与住宅产业价值链系统之间物质流动的方向，控制好住宅产业价值链系统的入口端与出口端，实现产业发展与环境、社会和谐一致。

三、住宅产业生态价值链的纵向延伸结构

　　住宅产业生态价值链的纵向延伸是通过住宅产业链内部各个价值主体和各个价值活动在生态原则的指导下，结合产业资源的循环利用，采用纵向一体化延伸形成的住宅产业价值创造和增值结构模式，见图 3.6。

　　在图 3.6 中，竖向箭头表示住宅产业纵向价值链上各个价值创造环节的各个价值形态，也是住宅产业链上各个资源与能量的阶段性成果；横向箭头表示房地产业纵向价值链上通过价值活动完成各个价值成果的价值主体。住宅产业生态价值链系统的纵向延伸是通过生态价值链上各价值创造环节的延伸，实现价值扩张，从而产生更大的价值流出。比如，房地产开发企业可以通过纵向一体化形式实现在不同环节的价值创造活动的延伸与扩张，形成涵盖融资、市场研究、前期策划、营销推广、物业服务甚至施工建设等专业技术的住宅产业开发联盟集团，从而开发各业务单元，借纵向一体化实现价值链纵向延伸，扩大价值生成空间。策划顾问公司可以通过纵向延伸的方式利用自己的专业技术能力发展成为拥有市场研究、前期策划、营销策划、推广服务、销售代理以及物业服务等的房地产顾问联盟集团，从而促使住宅产业上智力成果通过高效的信息传递、技术交流以及较低的交易成本获取更高的产业价值空间。建筑材料供应商可以通过纵向延伸一体化的方式在整合产业资源与能源的基础上通过产业废料处理技术的学习开展集材料供应、材料创新、材料的再生利用、废料的排放处理等于一体的住宅产业资源供应与处理联盟，从而实现住宅产业生态价值链的循环价值，达到产业与环境社会的可持续发展。在延伸价值链上各个环节需要有效连接、相互影响，保证最大化产业价值，确保价值的合理流动与传递。

四、住宅产业生态价值链的横向拓展结构

　　住宅产业生态价值链的横向拓展结构是在生态原则的指导下，不断提升住宅产品与服务的品牌效应，以品牌为核心向多区域、多产品、多领域扩张，其技术流、信息流、资金流、价值流、物质流及能量流围绕品牌而展开，生态价值链由各生态价值单元拓展而成。住宅产业生态价值链系统的横向拓展一般可分为与住宅产品或服务相关的多元化发展模式及与住宅产品或服务非相关的多元化发展模式，一般多见于与住宅产品或服务相关的多元化发展模式，而其中又多见于多区域的横向拓展模式（图 3.7）。

　　住宅产业横向价值链多区域拓展主要是指将住宅产业发展至全国范围内乃至全世界的多个区域住宅市场，当前我国的市场一般划分成：长三角地区、珠三角

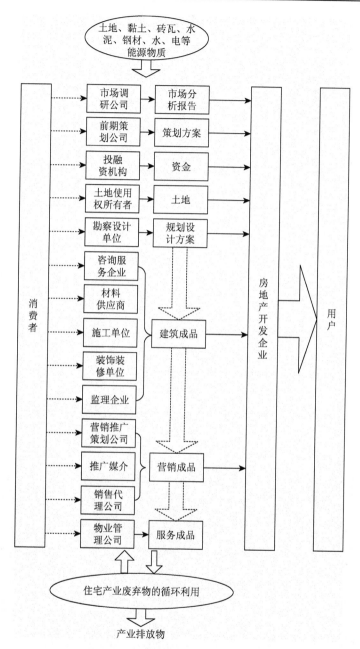

图 3.6　住宅产业生态价值链纵向延伸模型示意图

地区、环渤海地区、沿海地区、中原地区、东北地区、西南地区、西北地区。当然，多产品、多区域市场的拓展模式是相互交融的，一类产品可以在多个区域市场拓展，一个区域市场也可以展开多类产品的运作。

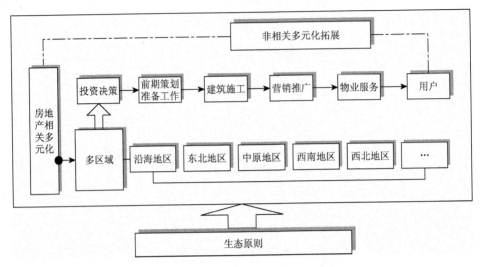

图 3.7　住宅产业生态价值链横向拓展模型示意图

第四章　住宅产业生态价值链系统的作用机理及价值运作探析

第一节　住宅产业生态价值链系统的自组织特征

一、住宅产业生态价值链的非线性

住宅产业生态价值链系统内的运行关系并非传统的、简单的线性关系，而是各个价值主体在生态原则的指导下通过非线性的相互作用创造产业价值，传递产业价值，分享产业价值，从而为消费者提供住宅产品与服务的复杂的非线性过程。首先，住宅产业生态价值链系统并不是各种资源、能量、专业技术或各个价值活动的简单叠加，而是在各价值主体之间相互联系、相互合作与相互作用下，形成住宅产业价值不断增值、传导与分享的复杂系统。其次，住宅产业生态价值链系统由诸多静态作用链条、动态运行链条、纵向延伸链条和横向拓展链条构成，这些链条错综复杂地交织在一起，从而形成价值链环甚至价值网络，在链环或者网络上的各个价值主体也并非单独属于某一条价值链，某一条价值链上的某些价值主体可能也同属于另一条价值链，各价值链上的物质、资源与信息也并非单独服务于某一条价值链，某一条价值链上的一些物质、资源与信息也可能同属于另一条价值链，它们紧密地相互竞争相互合作着。

一方面，作为同一条产业价值链上的价值主体，充分利用产业资源，不断发挥协作的耦合作用，为了创造与分享更大的价值，为消费者提供更具价值的住宅产品与服务；另一方面，作为不同产业价值链上的价值主体，为了保障自身的利益，会努力获取产业内最大最好的资源、能量与信息，并通过市场竞争以获取最大的市场价值，因此住宅产业价值链系统必然在合作过程中存在竞争关系。所以，作为一个住宅产业生态价值链系统，必须更好地发挥合作与竞争的非线性关系，促进价值的最大化、资源配置的最优化与产业价值的合理分享，实现产业与环境、社会的共生。

二、住宅产业生态价值链的开放性

系统的开放性和系统的自组织性是紧密相关的，系统的开放性指的是系统能够自由开放地与环境、社会进行物质流、能量流和信息流的交流及传递。而住宅产业生态价值链系统正是这样一个开放的复杂大系统,它由创造不同价值的价值主体构成,而每个价值主体又自成一个复杂系统,他们共同创造着产业的价值,共同分享着产业价值,同时这个具有诸多子系统的住宅产业生态价值链系统时刻保持与外界环境进行物质、能量、信息、技术、价值的交流和传递。而这些外界环境系统中复杂多变的物质、技术、市场需求与政策环境等要素时刻对住宅产业生态价值链系统及其子系统产生一定的反馈和冲击,促进各个子系统不断根据自身现状及目标调整自身的物质、能量、信息、技术和价值,并调整同其他子系统之间的合作竞争关系,促使系统内活动逐渐适应外部环境的变化。

目前,住宅产业生态价值链系统的发展与外部环境因素常常产生各种矛盾,例如,住宅产业链的成熟度不足与日益提升的消费者需求之间的矛盾,住宅产业发展与环境、资源保护之间的矛盾,这正是由于住宅产业生态价值链系统与市场、环境及资源之间的沟通与联系不足,即其开放程度尚有待提升。因此,住宅产业生态价值链系统在生态原则的指导下必须提高与外界环境进行物质、能量、信息及技术交换的频率与深度,加强物质、能量、信息及技术沟通的效率,更好地掌握产业技术信息、市场信息,优化产业资源配置,促进产业资源的循环利用,实现与社会资源和谐共处,这样才能促进住宅产业生态价值链系统成为平衡稳定的运作系统。保持开放性是住宅产业生态价值链系统上各个价值主体协同发展、共同进步,并与环境、资源协同发展的必要条件。

三、住宅产业生态价值链的随机涨落性

系统涨落指的是系统受到外部或内部因素作用出现偏离平均状态的现象,而且,系统涨落是随机的、不可预测的,是系统演化的诱发条件。住宅产业生态价值链系统的开放性,促使系统受到社会资源、自然资源、市场需求、政策环境、经济环境、技术创新等外界环境的不断作用以及内部价值活动对外界环境交织作用,造成住宅产业生态价值链系统存在着明显的随机涨落现象。住宅产业生态价值链系统不断受到外界各种因素的影响而产生无数个"小涨落",当涨落影响的程度达到一定的结果时,系统就会产生"巨涨落",从当前的状态跳跃到更有序的状态,从而不断地推动系统向前发展。如住宅市场越来越高的要求与产业资源的稀缺就要求住宅产业不断生态化发展。

住宅产业分工越来越精细、产业技术的不断更新、产业价值主体的不断增加以及结构的不断复杂化带来了住宅产业生态价值链系统质变的涨落。最初的住宅产业采用传统的生产方式,各行业多头开发,缺乏协调配合,处于粗放型、自发性发展阶段;住宅产业的工业化、标准化、生态化程度较低;能源、材料、土地和水资源等利用率不高。而随着专业技术发展以及需求的增加,市场细分和专业

分工逐步兴起，住宅产业链上的各个企业角色定位越来越清晰，每一个企业都在发挥其创造价值的功能，并在生态原则的指导下，生态技术在住宅产业不断推广应用，住宅产业迫切地需要从传统的开发运行模式逐步过渡至生态价值链开发模式，形成融众多价值主体为一体的生态价值网络结构。同时，信息技术、数字技术、网络技术、生态技术的发展给住宅产业生态价值链系统带来或即将带来质变的涨落。这些涨落的形成，也正是住宅产业专业化、精细化、高效化、生态化的基础。

第二节　住宅产业生态价值链系统的超循环进化规律

一、住宅产业生态价值链系统的超循环结构

超循环论是由 Eigen 等于 20 世纪 70 年代提出的有关生命起源的理论，是自组织理论的重要组成部分。所谓超循环就是以循环作为子系统，并通过功能连接起来所构成的再循环，通过循环过程的进行，系统具有自组织所需的全部性质，使系统能够稳定地、相干地、自我优化地进化，是自催化剂或自复制单元通过功能的循环耦合而联系起来的高级循环组织。

原来由单独的房地产开发企业完成全部住宅开发业务的时候，价值创造环节仅是一个企业内部各个业务部门之间相互耦合关系的价值创造结构。但是，随着各个价值主体自复制、变异与选择、价值主体间的耦合关系以及外界环境与市场的随机涨落，形成了住宅策划、设计、咨询、服务等多个"突变体"，住宅产业链上的各个价值创造活动越来越明晰，住宅产业价值链也越来越长了，形成了更高层次的产业价值链结构。为了更好地实现资源共享、实现住宅产业价值的规模经济与循环经济、达到住宅产业可持续发展等目的，在生态原则的指导下，讲求共享产业资源、共创产业价值、共享产业价值、资源消耗减量化、资源再使用、资源利用再循环、保护自然生态、废弃有毒物质、全寿命周期成本控制等，资源和能量的合理利用与循环利用促使住宅产业价值链系统结构更加复杂，逐渐演变成住宅产业生态价值链系统，形成了既竞争又合作的复杂多元超循环组织，即超循环网络。具体的演变过程见图 4.1。

因为住宅产业价值链系统这一"突变体"存在变异及自然选择能力，所以适应自身生存并有利于与其他价值主体合作共进的价值主体被优选进入超循环链，从而逐渐淘汰在超循环链中无法自我复制、自我提升的价值主体，住宅产业生态价值链系统的非线性、开放性以及随机涨落性作用不断强化、系统结构得到不断优化，同时系统的价值创造与分配能力也得到提高，从而使住宅产业朝着更高级、更和谐、更生态的方向发展。

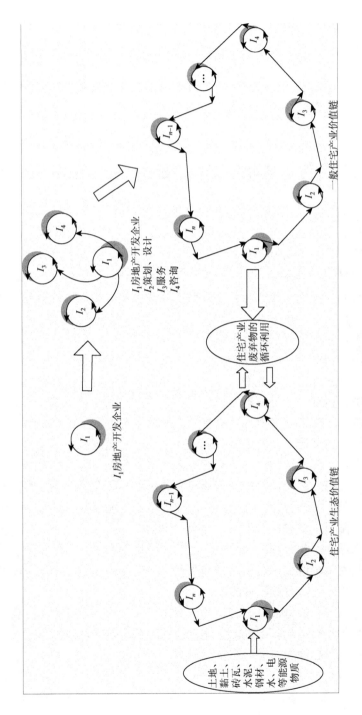

图 4.1　住宅产业生态价值链的超循环进化循环示意图

二、住宅产业生态价值链的超循环结构影响因素

为了确保住宅产业生态价值链的超循环结构达到稳定，必须明确影响住宅产业生态价值链系统的超循环结构的影响因素。根据超循环进化原理，住宅产业生态价值链的超循环结构分别受到系统上各个价值主体的自我复制能力、变异与选择能力以及系统内各个价值主体之间的耦合能力的影响。其中，价值主体的变异与选择能力是促进住宅产业生态价值链系统优化升级的内在因素，自我复制能力有利于住宅产业价值主体均衡发展，耦合能力保证价值主体之间信息的有效沟通以及冲突的协调，住宅产业生态价值链就是在这几种因素的交互作用中向更高层次演进。

（1）价值主体的自我复制能力。住宅产业生态价值链上每个价值主体承担一定的价值创造功能，房地产开发企业、市场调研公司、策划公司、规划设计单位、建筑施工单位、材料供应商、装饰装修单位、营销推广单位、销售代理、物业管理企业、不同消费群体等组成的价值主体通过对各个价值主体之间技术流、信息流、资金流、废物流及价值流的动态控制，完成住宅产品与服务投资意向、土地开发、市场调研、项目策划、规划设计、建筑施工、材料供应与循环处理、装饰装修、营销推广、物业服务等价值创造活动，从而实现系统整体的价值增值、传递与分配。在这个链条上每个价值主体必须不断自我复制，保持自己独特的知识、资源基础与知识、资源积累，并将其继承和遗传下来，如房地产开发企业的运营管理与统筹能力、协调与整合能力，市场研究单位对市场需求的把握和引导能力、策划与设计单位提供各种想法和方案的能力、材料供应商的技术创新能力以及营销推广机构的市场推广能力等。住宅产业生态价值链系统上各个价值主体的自我复制首先以价值链系统整体的价值增值为导向，追求产业价值最大化与合理价值分配，以自身现有能力为"模板"，以拥有的资源为"复制原料"，以其所掌握的市场信息与创新技术为"复制酶"，进行自身能力的合成与催化。目前住宅产业生态价值链系统内相对比较薄弱的环节尤其需要进行自身复制与提升，如以供应各类建筑材料的材料供应商需要发挥自身特点与优势，在产业链提供有生态节能材料的同时，不断开发生态技术与循环技术，拓展住宅产业生态价值链的循环经济效益，这样才能保持在产业链上的稳定地位，为住宅产业生态价值链的均衡发展创造物质基础。

（2）价值主体间的耦合能力。住宅产业生态价值链系统的价值主体的自我复制能力是生态价值稳定的前提，但是如果每个价值主体仅在自己的领域独立复制，缺乏与其他价值主体之间的有效合作与协调，由此形成的系统结构肯定是不稳定的。超循环理论指出只有主体之间形成自我增进与相互增进的耦合关系且相互增

进效果超过自我增进效果，超循环结构才能稳定。住宅产业生态价值链上价值主体之间的耦合能力是指各个价值主体不仅要具有自身复制的能力，还要能够在物质、能量、资源、信息、技术等编码复制酶的作用下相互指导、相互合作，并将这种合作不断复制，即价值主体在复制时提供了彼此催化增强的功能耦合效果。房地产开发企业作为住宅产业生态价值链系统上的资源整合与协调管理主体，应该发挥其核心作用，促使系统上各价值主体之间形成有效合作与耦合关系，从而构筑稳定的系统结构，并在彼此相互合作中创造与传递更大的价值，实现产业价值最大化，进而分享产业价值。此外，功能耦合的关键在于价值主体之间复制内容的互通性以及编码复制信息的互补性，例如，住宅产业生态价值链系统上各个价值主体自我复制的内容与过程都与产生住宅产品和服务的创造价值活动相关，并发挥各个价值主体间的专业互补性、技术互补性、资源互补性、信息互补性，保证价值主体的合作竞争与协同进化，为住宅产业生态价值链系统源源不断创造价值并获得合理价值分享而服务。

（3）价值主体的变异与选择能力。住宅产业生态价值链系统的不断优化不仅需要价值主体的自我复制作用与耦合能力，还需要具有不断变异升级的能力。例如，各个价值主体间复杂的耦合作用会产生一种内在的随机波动性，某一房地产开发企业发展战略的转变或者业务的精简化都会造成与其他价值主体合作方式的重新选择；一项新的住宅产业生态技术的推广采用也会促使材料与设备供应商研发新的材料和设备，进而住宅产业运行的方式就会有所变更等。因此，所有这些因素都会造成住宅产业生态价值链系统超循环结构的不稳定，这种由于生态价值链内外部力量共同作用而带来的生态价值链的变化称为价值主体的变异。如此一来，价值主体产生变异就要求有新的价值主体加入超循环结构，如生态技术、循环技术供应者等，这时必然会引起新的价值主体与原价值主体之间的竞争，竞争最后的结果遵循生态系统适者生存的自然选择规律，那些适应生存具有较强自我复制能力并能够催化其他价值主体进一步发挥自我复制和耦合能力的价值主体被选入超循环结构中，从而淘汰不适应生存的价值主体，因此，价值主体的变异与选择的结果必然推动住宅产业生态价值链系统的进一步优化和演进。

三、住宅产业生态价值链的超循环进化方式分析

住宅产业生态价值链的超循环进化方式可以从系统内部的超循环进化、系统与外界环境系统的超循环进化两方面来考虑。

（1）住宅产业生态价值链系统内部的超循环进化。住宅产业生态价值链系统的发展是系统内各价值主体以提升整体产业价值、合理分享产业价值、实现产业生态化与可持续发展为目的所进行的非线性、开放性的相互作用历程，创

造与分享价值、实现产业生态化发展目标的内生激励因素促使系统中各个价值主体不断进行自我复制、增进相互间的耦合协同关系并加大自我变异与选择，从而推动住宅产业生态价值链系统的超循环进化。住宅产业生态价值链的超循环进化受到各个超循环结构因素的影响，价值主体的复制能力使各个价值主体积累并遗传了原有的优良基因，从而促进系统中价值主体的自我发展与系统的均衡协调发展；各个价值主体耦合能力保证产业物质、能量、资源、技术、资金和信息在各个价值主体之间的交换与传递以及各个主体之间的有效协调与整合，获得更大的耦合协同效益；变异与选择能力推动住宅产业生态价值链系统的优化和升级。

住宅产业生态价值链系统内部超循环机理可以由图 4.2 表示。

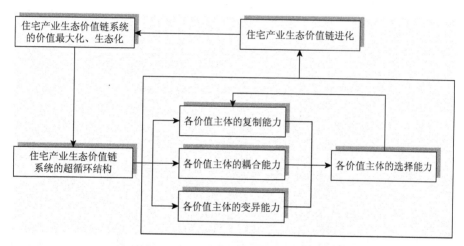

图 4.2　住宅产业生态价值链内部超循环作用机理示意图

（2）住宅产业生态价值链系统与外界环境系统的超循环进化。住宅产业生态价值链系统的外界环境要素主要包括产业政策、市场需求、社会经济、技术、信息、资源等。与住宅产业生态价值链系统相关的环境要素可以视为一个环境要素系统，因为这些因素通过与住宅产业相互作用而又彼此相关，政策、需求、社会、经济、技术与物资等因素相互促进、相互制约，为住宅产业生态价值链的发展不断制造促进产业演进与升级的"涨落"。例如，在这些环境要素系统中，市场的多样化需求、技术的发展与物资的稀缺加剧了市场竞争，这种竞争推动了整个住宅产业生态价值链系统的革新与创新意识，而这种革新与创新意识又是住宅产业生态化变迁背后的根本力量，同时在客观上要求住宅产业政策必须作出调整，从而促进产业生态化发展。

住宅产业生态价值链系统及其环境要素系统之间相互影响、相互作用、相互选择并相互耦合，住宅产业生态价值链系统必须时刻根据环境要素系统的变化而调整系统本身，同时环境要素系统也必须为住宅产业生态价值链系统的发展做出相应的变革，如国家提出的建筑节能法规以配套促进住宅产业生态化，因此两者之间也形成了超循环协同进化关系（图 4.3）。由图 4.3 中可知，住宅产业生态价值链系统与环境要素系统只有彼此相互作用、相互影响并协同共进，才能保证两者的超循环结构向着健康、稳定并不断优化的方向前进，这也是住宅产业生态价值链系统实现价值最大化与生态化发展的有效路径选择。

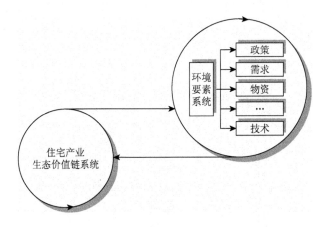

图 4.3　住宅产业生态价值链系统与外界环境的超循环作用机理示意图

四、住宅产业生态价值链的超循环进化规律总结

　　系统的建立与进化是其适应外界自然环境、生态环境与社会环境的自组织过程，也是适应外界环境的必然结果。在住宅产业生态价值链系统内部通过价值主体的自我复制、变异选择以及价值主体间的耦合能力形成了超循环结构，而这个超循环结构在促进系统不断优化的同时，又促进了各个价值主体之间竞争合作、协同进化，加强了彼此的耦合效应。住宅产业生态价值链系统的超循环结构促使各个自我复制的价值主体相互依赖、相互作用，把各个价值主体整合成为一个协同进化系统，获得比任何单一价值主体更具生命力的协同优势，从而实现住宅产业生态价值链的产业价值最大化与生态化发展。因此，在住宅产业的实际发展中，应遵循住宅产业价值链系统的实际发展规律，努力提高住宅产业生态价值链上各个价值主体的复制能力、耦合能力、变异能力与选择能力，这对于生态价值链系统的协调发展，价值的创造与合理分配都具有理论指导意义。

　　此外，住宅产业生态价值链系统与外界环境要素系统的超循环进化不仅能够促进住宅产业与外界环境的协同共进，还是住宅产业生态价值链系统基本的生态原则，因此，如何结合住宅产业的外界环境要素来构建并优化住宅产业生态价值链系统是住宅产业实现生态化发展的有效路径选择。

第三节　住宅产业生态价值链系统的价值运行探析

一、住宅产业生态价值链系统的价值运行机制模型

住宅产业生态价值链的价值运行机制是指在住宅产业生态价值链运行过程中，在生态经济与循环经济的基本原则指导下，为了实现产业价值最大化与产业的可持续发展，各个价值主体相互作用而形成的价值创造、价值增值、价值传递和价值实现的内在规律。它包括住宅产业生态价值链系统的形成原因、形成方式及形成规律；住宅产业生态价值链系统的价值元素投入与产生机制、住宅产业生态价值链系统持续循环与长期稳定运作的作用方式和内在规律；住宅产业生态价值链系统的价值增值与传导机制、住宅产业生态价值链系统的目标实现方式和实现规律；住宅产业生态价值链系统的价值实现与分配机制，具体见图4.4。

住宅产业生态价值链系统的价值投入与产生机制、价值增值与传导机制、价值实现与分配机制三部分机制相互作用但又各司其职，积极促进住宅产业生态价值链系统的可持续发展。住宅产业生态价值链系统的价值运行机制内部并非直线运作，而是一种非线性的作用关系，这种作用随着系统的动态变化发生适应性动态变更，当其中的任何一部分运行机制不能实现系统运行的目标或者不适应外界环境时，整个住宅产业生态价值链系统将面临瘫痪的风险。因此，住宅产业生态价值链系统内部的价值主体、产业管理部门以及政府监督机构必须因时制宜地动态跟踪、梳理系统的价值运行机制，或通过立法、激励、分配方式等相关外界影响因素的变化来确保系统正常运行。

与此同时，住宅产业生态价值链系统的价值投入与产生、价值增值与传导、价值实现与分配之间的关联不是孤立的，其所有的产业价值的创造、转移、传递、增值、实现、分配是通过产业资源与能量的输入与传递、专业技术的关联、产业信息的传播、产业资本的流动、产业废物的循环利用以及阶段性价值成果联系在一起的，即在住宅产业生态价值链的运行过程中流淌着诸多支撑能量：物质流、能量流、技术流、信息流、资金流、废物流及其产生的价值流。所以，对于住宅产业来讲，目前以及未来相当长的一段时间内，都必须努力把握生态价值链中的关键点，创建住宅产业内物质流、能量流、技术流、信息流、资金流、废物流及价值流更加顺畅、与市场对接更加充分、与环境和资源相协调的可持续价值链系统。

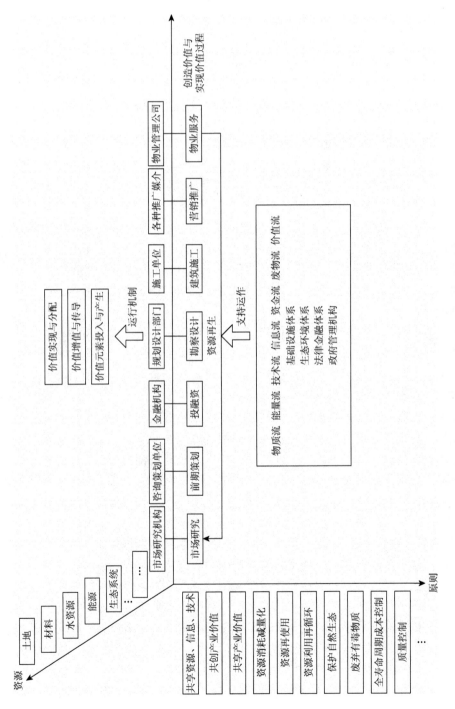

图 4.4 住宅产业生态价值链系统价值运行机制模型示意图

住宅产业生态价值链系统的物质流和能量流主要是指住宅产业资源与能量在产业的起始阶段进行投入后，通过价值链系统的运行，输入产业运行过程中的各类物质与能量，包括住宅产品策划、规划设计、建筑原材料的采购、建筑材料中间产品的流通、建筑施工、营销推广、售后服务及物业服务等产物。住宅产业生态价值链的技术流是以研究开发（research and development，R&D）作为增长点，在生态学理论与循环经济理论的指导下，将建筑学、经济学、管理学、营销学等科学转化为住宅产业技术，再通过投资决策、前期策划、规划设计、建筑施工、营销推广、物业管理等阶段的各种技术，实现上、中、下游技术链的发展与互动。住宅产业生态价值链的信息流是指整个价值链系统内部的信息流动与共享的运作机制，通过链条节点企业的服务体系以及信息与知识平台的共享，可以促进产业链知识的创新和信息的良性流动，增强住宅产业生态价值链系统的整合能力。住宅产业生态价值链的资金流是以企业和资本市场为资金供给主体，通过资本的流动与运作，完成资源到产品到资本的转化过程，从而获得增值的契机。住宅产业生态价值链的废物流是指住宅产业废气、废水、废渣等废弃物的再生利用，通过废弃物的循环利用进一步挖掘产业价值，促进住宅产业与环境、资源的和谐共生。住宅产业生态价值链的价值流通过产业的物质流、能量流、技术流、信息流、资金流、废物流裂变而成，构成一个价值系统。在这个价值系统中产业链上、中、下游存在着大量的物质、能量、技术、信息、资金以及废物资源方面的互动关系：物质流、能量流的运作效果在很大程度上取决于产业的技术流，通过产业专业技术流的作用与传递，价值链系统才得以创造各种阶段性物质与能量，进而创造价值流；物质流、能量流、技术流的运作效果又依赖于信息流的信息交换，通过信息共享，可以促进中间产品的流通顺畅，达到产品增值的目的，同时均需要大量的资金投入，产生大量的产业废弃资源；物质流、能量流、技术流、信息流、废物流与资金流息息相关，否则离开资本运营就会成为无源之水，无本之木，如果资金流不顺畅，不仅会影响物质流、能量流、技术流、信息流、废物流的正常运行，甚至还可能导致整个住宅产业生态价值链系统瘫痪。

为了确保住宅产业生态价值链的价值运行机制的正常高效运作，除了系统内流淌着物质流、能量流、技术流、信息流、资金流和废物流等价值流，还需要外界系统的维护、监督与管理，具体包括基础设施体系、生态环境体系、法律金融体系和政府管理机构。其中，基础设施体系决定着住宅产业生态价值链的起始价值投入的物质流与能量流，一般来说，具有良好资源禀赋和基础设施条件的地区比资源配置和基础设施条件差的地区投入的物质与能量要低很多，进而影响技术流、信息流、资金流和废物流等。生态环境体系可以说是住宅产业生态价值链系统的合作者，也是住宅产业生态价值链系统的检测者，它一方面提供自然生态环境价值，另一方面对住宅产业生态价值链系统的生态程度进行衡量与测度，及时对住宅产业造成的环境压力提出抗议。法律金融体系和政府管理机构是完善住宅产业生态价值链系统的维护者与监督者，通过立法、资本激励、行政管理等方式促进住宅产业的生态化运行。

二、住宅产业生态价值链的价值投入与产生

住宅产业生态价值链系统是以住宅产业的生态资源与价值联系为基础，通过产业各个价值主体一定的经济技术关联关系而形成的链条状的上下产业关联。住宅产业生态价值链的价值元素投入与产生是指住宅产业价值链按照生态规律和经济规律，通过投入一定的物质、能量、人力、资本等各种产业资源，从而为住宅产业生态价值链系统的价值增值与分配提供价值基础。该过程不仅需要一定的资本投入，配置必要的生产要素，还要支付劳动者的薪酬；而系统产生的价值不仅包括由于住宅产业生态价值链的价值创造活动而带来的纯粹经济效益的价值，还包括一些间接价值，如资源再利用价值、住宅产业生态价值链形成后实行专业化分工收益、工作效率提高带来的价值等。

在市场经济的条件下，住宅产业生态价值链系统的价值元素投入与价值形成是以其创造的价值大于零为前提条件的，这也是住宅产业生态价值链系统内价值元素不断投入生产的动力。从理论上说，在一定技术水平下，投入一定的初始资源与能量，需要经过多次产业循环再利用，一直到可回收资源得到充分利用，使排放到自然界的剩余物质最小化，从而促使住宅产业生态价值链系统实现产业资源与能量等价值元素的合理配置。用住宅产业生态价值链系统的资源价值的形成来探讨价值元素投入与产生运行机制的函数可表示为

$$V_{产业资源} = V_{有用物质与能量} + V_{可再生物质与能量} - V_{废物} \qquad (4\text{-}1)$$

在住宅产品与服务一定的情况下，住宅产业生态价值链系统的价值（即 V）由各个价值创造环节利用产业内有效的物质与能量（即产业资源）和谐共生而获得的价值（即 $V_{有用物质与能量}$）以及住宅产业利用可再生物质与能量的循环利用而创造的价值减去最后废弃物的价值而得（即 $V_{可再生物质与能量} - V_{废物}$）。由此可得，住宅产业生态价值链系统的价值形成只有通过减少剩余物来实现，而减少剩余物使用可以通过两个途径：一是增加可再生物质和能量循环利用的价值，二是最大化降低使用后的剩余物质价值。

那么，为了保证住宅产业生态价值链系统的剩余物质最小化，必须确保住宅产业生态价值链上的某一价值创造环节的剩余物质最小化过程，而每一个价值创造环节的剩余物质最小化过程可以通过以下模型来表示：

$$R_{i-1} = \alpha R_i + \beta W_i \qquad (4\text{-}2)$$

式中，R_i 为某资源在第 i 次循环再生产后的资源价值；α 为一个常量，指的是在一次循环运行前后，可回收资源与原始资源价值的比值；W_i 为某资源第 i 次循环再生产后的可回收资源价值；β 为一个常量，指为了某资源再次循环利用投入的可变成本与可回收资源价值比。

同样，每一个价值创造环节在每一次资源循环利用后回收的资源价值随着循环的增加而递减，而当出现以下情况时循环便停止。

$$YW_i \leqslant \alpha C_0 + \beta W_i \qquad (4\text{-}3)$$

式中，Y 为一个常量，表示某资源另作他用的机会成本与可回收资源价值比；C_0 为常量，表示添加资源中固定成本在各次循环中的折旧。

从上面简单的模型可以看出，在实际的住宅产业生态价值链系统的产业资源投入的过程中，不仅以其创造价值大于零为前提条件，还要考虑其再次循环利用的经济性，即当可回收资源在利用过程中投入的成本大于再循环后创造的价值时，没有再利用的必要，停止剩余资源循环，即此住宅产业价值链的价值循环结束。

三、住宅产业生态价值链的价值增值与传导

在现代市场经济条件下，住宅产业生态价值链系统的运行会出现三种不同的状态：第一种是整个产业价值递减式，除了支付成本和税费，住宅产业生态价值链系统的价值投入小于价值输出，导致价值链上每个价值主体不断亏损；第二种是整个产业价值相对平衡式，除了支付成本和税费，住宅产业生态价值链系统的价值投入与价值输出基本持平，每个价值主体在价值的投入和输出方面也相对平衡；第三种是整个产业价值增值式，即除了支付成本和税费，产业整体的价值输出是大于价值投入的，每个价值主体在此住宅产业生态价值链上都能够有一定的利润分配。显然，产业价值增值是住宅产业生态价值链系统构建与正常运行的前提条件。

当且仅当住宅产业生态价值链系统的运行处于增值状态时，系统上的物质流、能量流、技术流、信息流、资金流和废物流才能处于正常运行与良性循环的状态，从而不断提高产业增值能力，促进产业价值不断增值的良性循环。当住宅产业生态价值链系统内能量流、技术流、信息流、资金流、废物流和价值流等处于正常运行与良性循环状态时，住宅产业通过价值创造活动和资源的重新配置不断提升价值（具体见图4.5）。第一，住宅产业生态价值链系统内各个价值主体以其最优的价值活动组合方式创造价值，发挥价值活动的协同耦合效应；第二，住宅产业生态价值链系统内的各个价值主体通过资源的重新调整，通过产业资源的可再生利用，以更为迅速、便捷、高效的方式获取所需资源，进而更大地发挥资源互补效应，从而促使创造更大的价值；第三，住宅产业生态价值链系统提供的住宅项目通过生态环境与生态质量的提升不断扩大生态价值；第四，住宅产业生态价值

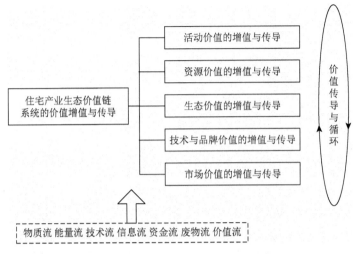

图 4.5　住宅产业生态价值链系统价值增值与传导示意图

链系统通过循环技术、生态技术等的不断创新，品牌效应的不断整合，从而实现价值增值；第五，住宅产业生态价值链系统通过协同运行、有效资源配置、生态效益、技术及品牌效益来实现市场价值提升。

　　住宅产业价值在住宅产业生态价值链上的传导遵循着一定的方式。价值在住宅产业生态价值链上的各个价值创造环节中的分配是完全不均等的，即在一些价值创造环节的价值分配较高，而另一些则较低。那么，在经济利益的驱使下，各个价值主体通过进入较高价值创造环节和退出较低价值创造环节的竞争方式来拉平各个价值创造环节的价值水平，这实际表现为价值在住宅产业生态价值链上的传导效应，这一效应将链条上各个价值创造环节串联成为一个联系更加密切、价值更加共享的集合体。

四、住宅产业生态价值链的价值实现与分配

　　住宅产业生态价值链系统运行的最终目标是实现与分享产业价值。住宅产业生态价值链系统的价值是随着住宅产业生态价值链运行过程中形成的物质流、能量流、技术流、信息流、资金流、废物流等裂变得以产生和实现的。也就是说，住宅产业生态价值链上价值的创造与实现是由诸多价值创造环节构成的，每个价值创造环节上拥有相应的价值主体，这些价值主体在各自价值链的优势环节上开展合作，付出价值链增值的最大贡献，从而实现"住宅产业价值最大化"这一目标，这也是住宅产业生态价值链上各个价值主体付诸努力的原动力。

　　因此，住宅产业生态价值链的正常运行就需要各个价值主体共同的努力与和谐共生，而这样和谐共生的模式前提是合理的产业价值分配机制。当住宅产业生

态价值链系统具有产业价值增值时，必须进行合理的产业价值分配，每一个价值主体除了享受基本的价值收益，也能够获得整个价值链系统的增值效益，否则将影响各个价值主体的价值创造积极性，甚至会使其退出该价值链系统。

住宅产业生态价值链价值分配过程，其实是一个利益分配的博弈过程。在此仅以一个简单的模型加以说明，具体的价值分配模型将在第六章详细叙述。

1）假设前提

第一，一个住宅产业生态价值链由简单的两个价值创造环节构成，分别由价值主体 A 和 B 来完成价值创造，A 和 B 相互合作共同建设了住宅产业的生态价值链，其中 A 位于价值链的前端，B 位于价值链的末端。

第二，在没有构建住宅产业生态价值链之前，A 和 B 独自创造价值，各自能获得的收益为 R_A 和 R_B。

第三，为构建住宅产业生态价值链，A 和 B 分别付出的成本为 C_A 和 C_B。

第四，当构建住宅产业生态价值链之后，整个产业生态价值链系统创造的价值有所提升，整体获取的收益为 R，A 和 B 分别获取的收益为 R'_A 和 R'_B。

2）模型构建

为了确保住宅产业生态价值链合理价值分配，由上述假设可得

$$\begin{cases} R = R'_A + R'_B \\ R'_A - C_A > R_A \\ R'_B - C_B > R_B \end{cases} \tag{4-4}$$

3）模型说明及分析

$R = R'_A + R'_B$ 表示在公正的原则下，住宅产业生态价值链的产业价值得到完全分配；$R'_A - C_A > R_A$ 与 $R'_B - C_B > R_B$ 表示每一个价值主体在创建生态价值链后获得的收益都必须大于其单独生产获得的收益，这也是在考虑价值主体在付出进一步努力后改变的心理成本和路径依赖后，价值主体维系价值链系统运行的基础条件。

然而，在当前实际的住宅产业生态价值链运行中，并非每个价值主体都能够得到合理的价值分配和足够的价值补偿，换句话说，当前的价值分配机制并不能满足系统内部各个价值主体的要求。在现实中，这种分配更多取决于价值主体在价值链上的位置和与价值链上关键种群（如房地产开发企业）的谈判的能力。如果某些价值主体在住宅产业生态价值链中属于弱势种群，且谈判的能力较弱，则可能会取得较少的收益分配，甚至不能对其所花费的成本进行补偿。例如，在当前的住宅产业价值链中，掌握土地和资本的上游端掌握着大部分产业价值利益的分配权。有些房地产开发企业全程参与包揽了房地产项目开发环节中的所有工作，从买地、立项、融资、开发到建造、卖房、物业管理等价值创造环节，从而享受着住宅产业价值链的大部分利益；而处在下游端的机构本身并不能直接从市场中

获得相应的报酬，为了获得产业价值的"一杯羹"，便依赖于房地产开发企业，并欲从中获得一定的收益作为投入的补偿，这就出现了设计公司降低设计费、施工企业为房地产开发企业垫资、代理公司降低服务佣金等情况，来获取生存的空间，造成了产业内有碍市场秩序的恶性竞争。那么，为了保证住宅产业生态价值链的稳定运行，产业链上的关键种群和监督种群就需要在一定程度上保证所有价值主体的利益和足够的价值补偿，形成一个满足于各个价值主体的合作博弈模式，详见第六章。

第五章　住宅产业生态价值链系统价值增值研究

第一节　住宅产业生态价值链系统价值增值演化研究

一、价值增值演化模型的假设

住宅产业生态价值链系统由市场研究机构、策划咨询单位、房地产开发企业、金融机构、土地的所有者、规划设计部门、建材供应单位、施工单位、中介服务机构、各种推广媒介、物业管理公司和政府机构等构成，分别通过市场研究、前期策划、投资决策、投融资、获取土地、勘察设计、建筑施工、装饰装修、营销推广、销售（或者招租）、物业服务和使用维修等众多价值活动来创造价值，从而构成住宅产业的生态价值创造体系。根据生态学理论，房地产开发企业作为住宅产业生态价值链系统的关键，协调整合着系统内其他各种价值主体，而这些其他价值主体基本是为房地产开发企业提供住宅开发的各类阶段性成果或服务。从而，由房地产开发企业这一关键价值主体与其他价值主体之间的合作竞争关系形成了一种长期稳定的价值增值共生模式。那么，他们这种长期稳定的价值增值共生模式是如何形成的？本小节将基于演化博弈论的分析视角，探索住宅产业生态价值链系统内不同价值主体之间的动态决策及其均衡过程，从而分析住宅产业生态价值链系统的价值增值模式的形成过程。

演化博弈论是以有限理性为基础的注重分析种群结构的变迁的现实性较强的博弈理论，它突破了经典博弈论中的完全理性假设的限制，是经典博弈论的重要发展之一。演化博弈核心是演化稳定策略（evolutionary stable strategy，ESS）和复制动态（replicator dynamics）。

其中，演化稳定策略体现了在博弈过程中各种群随机配对博弈时，在位种群成员的支付效用高于后来进入者的效用水平，也称为一个种群抵抗变异策略侵入的一种稳定状态，可定义为：若策略 $s*$ 当且仅当满足□ 构成一个纳什均衡即对任意的策略 s 有效用水平 $u(s*,s*) \geqslant u(s*,s)$；□ 如果当 $s* \neq s$ 时，满足效用水平 $u(s*,s*) = u(s*,s)$，则必然存在 $u(s*,s) > u(s,s)$ 两个条件时，策略 $s*$ 为一个 ESS。

复制动态表示的是某个特定策略在一个种群中被采用频度的动态微分方程，且当这种策略的效用水平大于种群的平均效用水平时，它便会在种群中逐渐发展，即这种策略被采纳的增长率 $(1/x_k) \times (dx_k/dt) = [u(k,s) - u(s,s)] > 0$，其中，$x_k$ 为一

个种群中采用策略 k 的比例，$u(k,s)$ 为采用策略 k 的效用水平，$u(s,s)$ 为平均效用值，k 为不同的策略。

假设 5.1：住宅产业生态价值链系统包含着诸多价值主体与价值创造过程，为了简化模型的构建，将博弈主体界定为系统内的关键种群，即房地产开发企业与其他卫星种群，其他卫星种群假定称为中介机构。

假设 5.2：房地产开发企业与中介机构都来自于住宅产业生态价值链系统的随机配对，且均为有限理性的参与人。

假设 5.3：在住宅产业生态价值链系统中，房地产开发企业和中介机构的行为动机是自身利益最大化与可持续发展，所以他们的策略空间分别为{协同经营，协同经营}和{协同经营，独立经营}，同时他们会根据其他成员的策略选择，考虑自身的相对效用水平调整各自的策略。

假设 5.4：房地产开发企业选择协同经营策略的概率为 p，选择独立经营策略的概率为 $1-p$；中介机构选择协同经营策略的概率为 r，选择独立经营策略的概率为 $1-r$。

假设 5.5：房地产开发企业和中介机构各自独立经营时所能够获得的收益（效用水平）为 V_1 和 V_2；若两者采用协同经营时扣除因协同发生的各项成本将共同带来额外的净收益为 ΔV，其中房地产开发企业和中介机构分别获取协同收益为 $\Delta V_1, \Delta V_2$，即 $\Delta V_1 + \Delta V_2 = \Delta V$。

假设 5.6：房地产开发企业和中介机构进行协同经营需要付出一定数量的初始投资成本，如选择协同伙伴、建立信息沟通渠道等的前期投资与维护，假设房地产开发企业和中介机构为了协同经营所付出的初始成本为 C_1 和 C_2。

二、价值增值演化模型的构建

依据模型的基本假设，房地产开发企业与中介机构之间的博弈支付矩阵如表 5.1 所示。

表 5.1　房地产开发企业与中介机构的博弈支付矩阵

房地产开发企业	中介机构	
	协同经营 r	独立经营（$1-r$）
协同经营 p	$V_1 + \Delta V_1$，$V_2 + \Delta V_2$	$V_1 - C_1$，V_2
独立经营（$1-p$）	V_1，$V_2 - C_2$	V_1，V_2

由此，可以得到：房地产开发企业采取协同经营策略时可获得的期望收益为

$$U_1 = r \times (V_1 + \Delta V_1) + (1-r) \times (V_1 - C_1) \tag{5-1}$$

房地产开发企业采取独立经营策略时可获得的期望收益为

$$U_2 = r \times V_1 + (1-r) \times V_1 = V_1 \qquad (5\text{-}2)$$

房地产开发企业可获得的平均期望收益为

$$\bar{U} = p \times U_1 + (1-p) \times U_2 \qquad (5\text{-}3)$$

进而，根据演化博弈理论的复制动态方程原理，得到房地产开发企业采用协同经营策略的复制动态方程为

$$
\begin{aligned}
\frac{\mathrm{d}p}{\mathrm{d}t} &= p \times [U_1 - \bar{U}] = p \times [U_1 - p \times U_1 - (1-p) \times U_2] \\
&= p(1-p)(U_1 - U_2) \\
&= p(1-p)(r\Delta V_1 + rC_1 - C_1)
\end{aligned} \qquad (5\text{-}4)
$$

由此可得到均衡点的概率为

$$r^* = \frac{C_1}{\Delta V_1 + C_1} \qquad (5\text{-}5)$$

同理，中介机构选择协同经营策略时可获得的期望收益为

$$U_1' = p \times (V_2 + \Delta V_2) + (1-p) \times (V_2 - C_2) \qquad (5\text{-}6)$$

中介机构选择独立经营策略时可获得的期望收益为

$$U_2' = p \times V_2 + (1-p) \times V_2 = V_2 \qquad (5\text{-}7)$$

中介机构能够获得的平均期望收益为

$$\bar{U}' = r \times U_1' + (1-r) \times U_2' \qquad (5\text{-}8)$$

中介机构选择协同经营策略的复制动态方程为

$$
\begin{aligned}
\frac{\mathrm{d}r}{\mathrm{d}t} &= r \times (U_1' - \bar{U}') = r \times [U_1' - r \times U_1' - (1-r) \times U_2'] \\
&= r(1-r)(U_1' - U_2') \\
&= r(1-r)(p\Delta V_2 + pC_2 - C_2)
\end{aligned} \qquad (5\text{-}9)
$$

由此可得到均衡点的概率为

$$p^* = \frac{C_2}{\Delta V_2 + C_2} \qquad (5\text{-}10)$$

三、模型的分析——博弈均衡点的局部稳定性及演化轨迹

由式（5-4）和式（5-9）构成的微分方程组可以来描述住宅产业生态价值链系统内房地产开发企业与其他价值主体的博弈演化过程。按照 Friedman（1991）提出的方法，对于由微分方程系统描述的群体动态，其均衡点的稳定性是由这个系统得到的 Jacobian 矩阵的局部稳定分析得到的。

当式（5-4）和式（5-9）都等于零时，系统达到 5 个均衡点，分别为 O（0，0）、

A（1，0）、B（0，1）、C（1，1）与 $D\left(\dfrac{C_2}{\Delta V_2 + C_2}, \dfrac{C_1}{\Delta V_1 + C_1}\right)$，各点的局部稳定性及其含义见表 5.2。

表 5.2　房地产开发企业与中介机构博弈均衡点的局部稳定性及其内涵分析

均衡点	局部稳定性	含义
O（0，0）	稳定	房地产开发企业和中介机构均选择独立经营策略
A（1，0）	不稳定	房地产开发企业采用协同经营策略，中介机构选择独立经营策略
B（0，1）	不稳定	房地产开发企业采用独立经营策略，中介机构选择协同经营策略
C（1，1）	稳定	房地产开发企业和中介机构均选择协同经营策略
$D\left(\dfrac{C_2}{\Delta V_2 + C_2}, \dfrac{C_1}{\Delta V_1 + C_1}\right)$	鞍点	系统当前状态演化点

在上述房地产开发企业与中介机构演化博弈系统中，当房地产开发企业和中介机构均选择独立经营策略，房地产开发企业和中介机构均选择协同经营策略时，系统达到局部稳定，即五个均衡点中的 O 与 C 两点是房地产开发企业和中介机构博弈的演化稳定策略。而当房地产开发企业和中介机构选择不同策略时，系统达到不稳定的均衡点，即五个均衡点中的 A 与 B 两个均衡点。而五个均衡点中的 D 为系统演化的鞍点。其中的博弈复制动态演化相位图如图 5.1 所示。

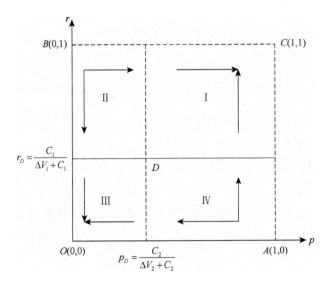

图 5.1　房地产开发企业与中介机构博弈复制动态演化相位图

如图 5.1 所示，五个平衡点将房地产开发企业与中介机构博弈复制动态演化相位图分为 I、II、III、IV 四个象限，构成房地产开发企业与中介机构博弈的四个不同状态，对其分析如下。

（1）第 I 象限表示房地产开发企业和中介机构关系演化系统经过长期学习与演化将收敛于 C 点，即双方都选择协同经营策略。

（2）第 III 象限表示房地产开发企业和中介机构关系演化系统经过长期学习与演化将收敛于 O 点，即双方都选择独立经营策略。

（3）第 II 或 IV 象限表示房地产开发企业和中介机构关系有待进一步学习调整，最终的均衡状态将取决于双方学习调整的速度。例如，当双方关系演化系统的初始状态位于第 II 象限时，如果中介机构收敛于独立经营策略（收敛于 $r=0$）的速度要落后于房地产开发企业收敛于协同经营策略（收敛于 $p=1$）的速度，则双方博弈演化的结果将取决于房地产开发企业的策略选择，即双方进入第 I 象限，最终收敛于 C 点（双方都选择协同经营策略）。

由此，在住宅产业生态价值链系统中，房地产开发企业与中介机构博弈的演化关系最终取决于鞍点 D 的取值，而鞍点 D 由双方协同经营产生的超额净收益（ΔV）、协同经营策略需要的初始投资成本（C_1 和 C_2），以及双方超额净收益的分享值（ΔV_1 和 ΔV_2）共同决定。由图 5.1 可知，当双方超额净收益的分享值（ΔV_1 和 ΔV_2）既定时，超额净收益（ΔV）越大，初始投资成本（C_1 和 C_2）越小，第 I 象限的面积越大，系统收敛于 C 点（双方都选择协同经营策略）的概率越大。那么，当中介机构选择独立策略时，房地产开发企业分别选择协同经营策略与选择独立经营策略所带来的效用差距较小；当中介机构选择协同经营策略时，房地产开发企业分别选择这两种策略时带来的效用差距较大。对应地，当房地产开发企业选择协同经营策略时，中介机构选择协同经营策略与选择独立经营策略能够获得的效用差距较大；而房地产开发企业选择独立策略时，中介机构选择这两种策略所能获得的效用差距较小，由此，房地产开发企业与中介机构的经营关系将向着{协同经营，协同经营}方向演化。

综上所述，在住宅产业生态价值链系统中房地产开发企业与中介机构经营关系最后演化至两个稳定的均衡点，即{独立经营，独立经营}和{协同经营，协同经营}。但是现实中，为了实现住宅产业生态价值链系统的价值最大化和可持续发展，房地产开发企业与中介机构双方都不希望朝着{独立经营，独立经营}进化，这种纳什均衡无论对于各个中介机构、房地产开发企业、住宅产业生态价值链系统乃至整个经济环境都是不利的。双方都希望争取获得价值最大化，使博弈向着均衡点{协同经营，协同经营}方向发展。

由此，作为住宅产业生态价值链系统的关键种群，房地产开发企业必须清醒地认识到调节和带动系统中其他价值主体进行协同合作的重要性，认识到协同经营及共创价值对于整个住宅产业生态价值链系统的重要性和必要性，应该从根本上将系统中的各个价值主体带动起来，实现住宅产业生态价值链系统长期、持续、健康发展。在实践中，就要求住宅产业生态价值链系统的各个价值主体应当注重合作上能够实现资源的互补性、技术、信息、产品以及财务方面的协同价值，以实现因协同合作创造的超额产业价值极大化，促进住宅产业价值链系统建立与稳定发展。

此外，值得注意的是，双方超额净收益的分享值（ΔV_1 和 ΔV_2）的确定也是住宅产业生态价值链系统进行协同合作经营的焦点之一，从各行各业的合作实践得到一个公平合理的价值分配方式才能确保产业的长远稳定发展，从而实现共赢，这将在第六章进行详细探讨。

第二节　住宅产业生态价值链系统价值增值模式分析

一、住宅产业生态价值链价值增值过程

当住宅产业生态价值链系统的各个价值主体朝着{协同经营，协同经营}方向演化时，在系统物质流、能量流、技术流、信息流、资金流、废物流和价值流的引导下，住宅产业生态价值链系统上每一个系统元素都是价值增值的元素，每一个系统成员都是价值增值的一个主体。通过产业资源的不断投入，在价值主体活动的作用下，不断循环利用资源，住宅产业生态价值链一方面为市场消费者创造住宅产品与服务这一价值实体，另一方面向外系统排放产业废物，这是一个价值活动与产业资源共同作用的价值增值过程。

从价值主体的价值增值过程来说，住宅产业生态价值链的关键种群房地产开发企业根据市场需求导向组建价值主体的合作联盟，包括市场研究机构、策划咨询单位、规划设计部门、建材供应单位、施工单位、中介服务机构、推广媒介和物业管理公司等，并对这些价值主体进行动态整合与协调，包括资源整合、信息整合、技术整合等。进而通过完成投资决策、前期策划、土地开发、施工建设、营销推广、销售及服务等流程，最终向消费者提供更具价值的住宅产品与服务。当顾客为其得到的住宅与服务支付费用时，即产生了资金流。然后，住宅产业生态价值链内的每一个价值主体根据其在价值链内负责的专业分工，通过价值流转方式获得不同的价值，这样就完成了一次价值的增值和流转，这其中体现了住宅产业生态价值链系统的价值主体内的协同增值与品牌增值。

在住宅产业生态价值链系统价值主体进行各项价值增值活动时，也带动了住宅产业资源的价值增值与流转。从住宅产业一开始的土地、砖瓦、水泥、黏土、钢材、水、电、信息等产业资源的投入，到最后输出产业废料这一过程，对于住

宅产业生态价值链系统来说，必然存在产业资源的交换、互补、合作以及循环利用，住宅产业资源得到节约利用、循环利用，从而通过住宅产业生态价值链的衍生与延伸增加了产业价值。

当然，在住宅产业生态价值链系统价值活动与产业资源共同创造产业价值的同时，也少不了产业技术创新的支持。首先，住宅产业价值链系统价值主体内部的技术创新提高了其价值增值能力；其次，网络技术与信息技术的发展对住宅产业价值活动的合作带来了价值增值效率；最后，住宅产业绿色技术、生态技术、循环技术的应用与推广，也为其获取生态价值与循环价值创造了更大的空间。

住宅产业生态价值链系统整合价值主体、资源、技术与品牌的基础上，为消费者提供更佳的生态环境与生态质量的住宅项目，从而实现住宅产业生态价值链系统的生态增值与市场增值。

因此，住宅产业生态价值链系统价值增值过程可以用图 5.2 来表示。

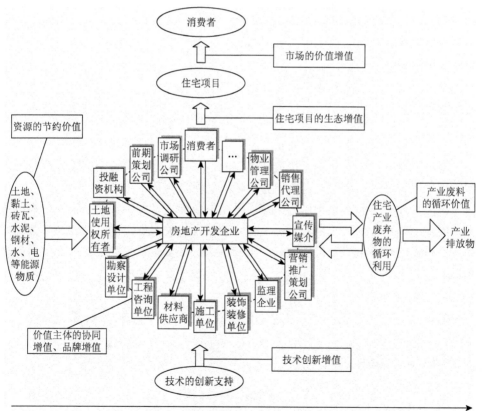

图 5.2　住宅产业生态价值链系统价值增值基本过程示意图

二、住宅产业生态价值链价值增值模式说明

根据图 5.2 可得，相较于一般的住宅开发价值链，住宅产业生态价值链系统价值增值主要由价值主体的协同价值增值、资源的节约利用与循环价值增值、住宅项目的生态价值增值、技术创新带来的价值增值、品牌价值提升以及市场价值的提升等六个部分构成。

第一，住宅产业生态价值链系统通过众多价值主体的相互合作，促使整个系统管理运营效率提高，价值活动运行效率提升，产业交易成本降低，获得协同效应带来的价值增值，而在其各个价值主体协同经营过程中，同时也必然带来产业资源的节约利用与合理配置，提升了了产业的整体品牌价值。

第二，住宅产业生态价值链系统通过产业资源的节约利用以及循环利用如建筑垃圾的循环利用，不断延伸价值链条，在拓展价值链系统空间的同时带来节约利用和循环经济创造的价值。

第三，住宅产业生态价值链系统通过物质流、能量流、技术流、信息流、资金流、废物流和价值流等，创造了更具生态价值的住宅项目，从而满足了消费者更高的生态需求。

第四，任何产业的进化发展都离不开技术的支持，尤其在住宅产业生态价值链系统进化过程中，不仅需要网络技术、信息技术的加入，还需要循环技术、生态技术等的不断创新，而这些技术的不断创新、不断推广、不断应用也为住宅产业生态价值链系统带来了技术创新价值。

第五，随着住宅产业生态价值链系统的协同联盟、资源重新配置以及技术创新，整个系统的品牌价值和竞争优势也将不断得到提升。

第六，住宅产业生态价值链系统通过生态节能技术和资源的不断投入与价值主体的协同运作，为市场消费者提供住宅项目及相关服务，同时因为品牌效应的作用，所以能获得市场支付的更高的市场价值，这也是住宅产业价值的主要来源之一。

第三节　住宅产业生态价值链系统价值增值要素挖掘

一、协同增值要素挖掘

1971 年，哈肯（2013）首次提出协同的概念，并在 1976 年又系统地论述了协同的理论。协同理论认为，千差万别的复杂的大系统的内部系统，尽管其属性不同，但在整个环境中，各个系统间存在着相互影响而又相互合作的关系。韦斯

顿认为协同效应是 1+1>2 或者是-1-1<-2，即协同后的企业的总产出或总收益大于协同前各自的产出或收益，或者是协同后企业在成本方面比原来两家企业独立存在时的成本降低。1997 年，Sirower 提出了动态协同效应的概念，他把协同效应定义为：协同后的公司在业绩方面应当比原来两家公司独立存在时曾经预期或要求达到的水平高，即协同后公司的现金流超过原来协同前各自预期达到的水平之和。住宅产业生态价值链系统的协同增值具体包括管理协同增值、经营协同增值和财务协同增值。

1. 管理协同增值

管理协同增值本质上是一种合理配置管理资源的效应。在住宅产业生态价值链系统价值主体的协同经营运行中，各个价值主体由于各自管理优势的不同，可以实现管理优势的互补，不断提高各自的管理效率与运行效率。例如，房地产开发企业的管理优势体现在项目开发的统筹协调及整合能力，工程施工单位的管理优势是对项目施工的统筹规划，中介服务机构的管理优势体现在对住宅市场的统筹把握与需求引导等，因此，各个价值主体形成协同联盟后能够带来更佳的产业管理能力，促使住宅产业的资源得到更有效的配置。住宅产业生态价值链系统各个价值主体管理协同增值具体体现在以下几个方面。

（1）管理能力的转移和提高。例如，住宅产业生态价值链系统在实际的运行中，房地产开发企业扮演着关键种群的角色，房地产开发企业需要拥有整个住宅项目开发与经营的整个寿命周期的各个方面的人才，但是一般的房地产开发企业根本无法配备完全，即使实力非常雄厚的企业也不可能做到面面俱到。通常而言，企业之间不可能通过签订合约的方式来转移专业人才等管理资源，一方面是为了防止企业专属信息的外漏，另一方面是因为个别管理人员未必可以真正起到提高管理水平的作用。那么，通过住宅产业生态价值链系统价值主体协同经营模式便可以顺利解决问题，只要协同经营模式启动后，在整个住宅产业生态价值链系统中，管理资源便可自由流动，房地产开发企业等价值主体也可完全拥有住宅产业运行各方面的管理资源，管理效率也逐步提高。

（2）文化协同价值。企业文化对住宅产业生态价值链系统价值主体协同具有很深层次的影响。文化协同价值是指积极文化对消极文化具有可输出性和渗透性而产生的规模经济潜能。因此，在住宅产业生态价值链系统价值主体间通过积极的文化对消极的企业文化的输出、渗透、同化和扩散来提高整个住宅产业生态价值链系统的整体素质和效率的效应。例如，住宅产业生态价值链价值主体的生态化管理、精细化管理对粗放式管理的引领、渗透和同化。文化协同价值的大小取决于以下两方面因素：一是关键企业的文化内涵的影响力，如果其企业文化被内外认同程度高、生命力强、发展空间大，对其他文化的协同能力也越强；二是协同双方的文化差距，双方文化差异越大，一方同化另一方的难度就越大，文化协同价值也就越小。因此，住宅产业生态价值链系统价值主体在寻求协同主体时，有必要对各方的文化进行比选，努力发挥企业间的文化协同效应。

2. 经营协同增值

经营协同增值主要指的是协同经营给各个企业经营活动在效率方面带来的变化及效率提高所产生的效益，可以概括为由协同经营带来的规模经济和范围经济，以及交易费用的节约。住宅产业生态价值链系统通过价值主体的协同合作，将各个价值主体的资源结合起来，并进行生态化运行与管理，实现规模经济与范围经济，同时也降低了产业内部的交易费用。具体而言，住宅产业生态价值链系统价值主体协同带来的经营协同增值包括专业化水平的提高所带来的效率提升、固定成本的降低、存货管理成本及资金成本的降低等生产性规模经济；研发能力与创新能力的提升、销售能力的提升等非生产性规模经济；签约成本、广告成本、回收货款成本、降低资产专用性风险等交易费用的节约。

3. 财务协同增值

财务协同增值是指住宅产业生态价值链系统的协同经营给各个价值主体在财务方面带来的种种效益。财务协同增值所带来的效益是由会计和税法等处理惯例而产生的，并不是由于管理效率和生产效率的提高而带来的。主要表现在以下三个方面。

（1）合理避税。住宅产业生态价值链系统将传统的住宅产业与高新的生态技术和循环技术相结合，各个价值主体由此可享受相应的税收优惠。此外，因为各个价值主体的协同经营，所以个别价值主体在一年中一旦出现亏损，就可以充分利用亏损来递延所得税，以抵消以后几年的盈余，价值主体根据抵消后的盈余交纳所得税，起到纳税筹划的作用，这对于同一集团下的住宅产业生态价值链系统的协同经营模式更有利。

（2）降低资金成本。住宅产业生态价值链系统聚集了地产开发、建筑策划设计、建筑施工、建筑材料、建筑监理、营销服务、媒体中介以及生态技术、循环技术等不同行业的价值主体，而这种不同的行业增长预期以及不同价值主体内的现金流状况为多方的协同提供了机会。住宅产业生态价值链系统可以通过协同经营模式利用不同价值主体间的资金入股等方式，灵活地将外部资金转化为内部资金，起到资本成本下降的目的。此外，不同价值主体的协同联盟，促使整体住宅产业生态价值链系统抵抗市场风险的能力增强，从而带来较低的银行贷款利率、股东较低的风险回报率等，从而降低综合资本成本。

（3）获得股票上涨等预期效应。在住宅产业生态价值链系统中，如果其中的上市价值主体与知名的价值主体建立长期的战略联盟关系，做到强强联合协同开发新的项目，那么品牌效应叠加所产生的预期效应会带动市场对上市价值主体的估值，提升价值主体股票的市盈率。

二、资源增值要素挖掘

住宅产业生态价值链系统的资源增值主要包括资源的集约利用增值、资源的循环利用增值两方面。

（1）资源的集约利用增值。资源的集约利用增值是指住宅产业生态价值链系统经过对住宅产业的物质资源的节约利用而带来的资源价值增值，具体包括建筑材料的成本节约、土地集约利用的成本节约，水资源费用节约以及煤、电、气、油等综合能源费用节约。其中，土地集约利用的成本节约可根据住宅产业生态价值链系统在不同寿命周期内每万元产业收益土地使用面积进行比较；建筑材料的成本节约可根据住宅产业生态价值链系统在不同寿命周期内每万元产业原材料使用额的差额进行计算；水资源费用节约可根据住宅产业生态价值链系统在不同寿命周期内每万元产业收益水消耗价值进行比较；综合能耗费用节约可根据住宅产业生态价值链系统在不同寿命周期内每万元产业收益综合能源消耗价值的差额进行计算。

（2）资源的循环利用增值。住宅产业生态价值链系统经过对住宅产业资源的循环利用实现了产业链的不断延伸，产业价值也得到了拓展与延伸。住宅产业资源的循环利用带来的价值增值是以建筑材料的循环利用为主，且包括可再生材料利用、可再生能源利用、废旧土地的循环利用、污水处理与回收利用、雨水的循环利用、废气的循环利用等所带来的价值增值。其中，建筑材料的循环利用、废旧土地的循环利用、污水处理与回收利用、废气的循环利用所带来的增值根据在此价值链过程中减少的建筑垃圾排放量、废旧土地的弃用量、污水排放量、废气的排放量的价值来衡量；雨水的循环利用所带来的增值可以用同等量用水的价值衡量；可再生材料利用、可再生能源利用的增值可以由该住宅产品为消费者节省的使用成本来估算衡量。

三、生态增值要素挖掘

不断提升住宅产品与服务的生态价值是住宅产业价值链进行生态化升级的初衷之一，也是住宅产业可持续发展的目标，它在带来产业价值的同时也创造了更能满足消费者要求的住宅生态环境。生态价值的增值主要从住宅项目出发来考察其生态价值，包括住宅项目选址远离污染源带来的生态增值、住宅项目的声环境、热环境、光环境、空气质量、室内环境质量不断改善带来的增值、住宅项目在未建设前原始资源的利用与保护等方面。

四、技术增值要素挖掘

技术创新价值指各个价值主体通过将设计理念、生态技术、循环技术等知识产权类、无形类资产引入住宅产业生态价值链系统，使技术创新引领产业价值提升的效应。住宅产业生态价值链系统区别于传统住宅产业的一个重要方面便是向整个住宅产业系统输入生态技术与循环技术，通过将生态技术与循环技术引入系统，可以提高整个住宅产业生态价值链系统的管理水平、经营水平，并提高其竞争力和效益。

五、品牌增值要素挖掘

在住宅产业生态价值链系统运行中，品牌发挥着重要的作用，以品牌为核心已成为住宅产业协同联盟重组和资源重新配置的重要机制。协同联盟中的品牌协同价值主要包括：第一，依托住宅产业生态价值链系统内某个或者诸多价值主体的名牌及其经营的经验，可以提高住宅项目的销售速度和价格，提升整个住宅产业生态价值链系统的市场竞争力和经营业绩，从而创造和分享更大的产业价值；第二，在知名价值主体的引领下，住宅产业生态价值链系统中其他原本并不是非常知名的价值主体也可以提高其名牌意识、质量意识和素质的效益，从而带动整个系统的品牌价值和竞争优势。

六、市场价值增值要素挖掘

市场价值的提升主要依赖于两个方面。第一，住宅产业生态价值链系统通过将生态节能技术与再生资源不断投入到价值主体的生态协同运作，为市场消费者提供更具有生态价值的住宅项目及相关服务，从而获得由消费者支付的更高的市场价值。第二，整个产业的品牌价值的提升也带来了住宅产品的品牌价值，从而带来了市场价值的提升。这部分价值可直接由市场价值进行衡量。

七、价值增值要素凝练

经过上面的分析，住宅产业生态价值链系统带来的产业价值增值具体包括住宅产业生态价值链系统价值主体的协同效应带来的价值增值、资源集约利用及循环利用带来的价值增值、住宅项目的生态价值增值、技术与品牌带来的价值增值以及市场价值提升，具体见表5.3。

表5.3　住宅产业生态价值链系统的价值增值要素表

	管理协同增值	公司管理效率的提升
		办公机构的相对精简
		管理人员的相对削减
		企业文化内涵的升级
协同增值	经营协同增值	专业化水平提高带来的生产效率提高
	经营规模经济和范围经济效益	采购费用节约
		生产人员数量降低，工资报酬节约
		设备等固定成本的折旧分摊降低
		存货管理成本及存货占用资金降低
		研发能力、设计能力与创新能力提高
		销售能力的提升带来的销售量增加
		营销费用的节约
	交易费用的节约	寻找合作伙伴成本的节约
		签约成本的节约
		广告成本的节约
		回收货款成本的节约
		住宅产品与服务稳定性提高
	合理避税效益	利用生态技术与循环技术的引入享受税收优惠
		利用其他价值主体的经营亏损享受所得税递延
财务协同增值	综合资本成本降低	外部资金转为内部资金带来的资本成本下降
		抵御市场风险能力增强带来的较低的贷款利率
		股东要求的风险回报率降低
	股票上涨	股票价值上涨
资源集约利用及循环利用增值	资源集约利用增值	建筑材料的成本节约
		土地集约利用的成本节约
		水资源费用节约
		综合能耗费用节约

续表

资源集约利用及循环利用增值	资源循环利用增值	建筑材料的循环利用增值
		可再生材料利用增值
		可再生能源利用增值
		废旧土地的循环利用增值
		污水处理与回收利用增值
		雨水的循环利用增值
		废气的循环利用增值
生态增值		选址远离污染源的生态增值
		住宅项目的声环境改善增值
		住宅项目的热环境改善增值
		住宅项目的光环境改善增值
		住宅项目的空气质量改善增值
		住宅项目的室内环境质量改善增值
		住宅项目保护与利用原始资源增值
技术增值		技术、信息、网络共享带来的成本降低
		技术创新带来的成本节约
		技术创新带来的管理、经营效率的提高
品牌增值		价值主体知名度提升
		价值主体市场地位及话语权的提升
市场价值提升		由协同运行、资源合理配置、生态价值、技术及品牌效应等带来的市场价值提升

第四节　住宅产业生态价值链系统价值增值衡量模型构建

一、价值增值要素的度量

为了便于衡量，本书将价值增值要素划分为数量型增值和质量型增值。其中，数量型增值是指相对较容易货币化、量化的价值增值要素；质量型增值是指具有不确定性、战略性，而且不易被精确计量的价值增值要素。具体的度量方法如下。

1. 协同增值要素的度量

（1）管理协同增值的度量。住宅产业生态价值链系统的价值主体协同所带来的管理协同增值包括：公司管理效率的提升、办公机构的相对精简、管理人员的相对削减、企业文化内涵的升级等，具体分解与度量见表5.4。

表 5.4　住宅产业生态价值链系统的管理协同增值度量

管理协同增值构成	管理协同增值度量
公司管理效率的提升	质量型，定性
办公机构的相对精简	数量型，可量化
管理人员的相对削减	数量型，可量化
企业文化内涵的升级	质量型，定性

（2）经营协同增值的度量。住宅产业生态价值链系统的价值主体协同所带来的经营协同增值包括经营的规模经济和范围经济效益，以及交易费用的节约，具体分解与度量见表5.5。

表 5.5　住宅产业生态价值链系统的经营协同增值度量

经营协同增值构成		经营协同增值度量
经营的规模经济和范围经济效益	生产性规模经济和范围经济效益 专业化水平提高带来的生产效率提高	质量型，定性
	采购费用节约	数量型，可量化
	生产人员数量降低，工资报酬节约	数量型，可量化
	设备等固定成本的折旧分摊降低	数量型，可量化
	存货管理成本及存货占用资金降低	数量型，可量化
	非生产性规模经济和范围经济效益 研发能力、设计能力与创新能力提高	质量型，定性
	销售能力的提升带来的销售量增加	数量型，可量化
	营销费用的节约	数量型，可量化
交易费用的节约	寻找合作伙伴成本的节约	数量型，可量化
	签约成本的节约	数量型，可量化
	广告成本的节约	数量型，可量化
	回收货款成本的节约	数量型，可量化
	住宅产品与服务稳定性提高	质量型，定性

（3）财务协同增值的度量。住宅产业生态价值链系统的价值主体协同所带来的财务协同增值包括合理避税效益、综合资本成本降低以及股票上涨等价值，具体分解与度量见表5.6。

表 5.6　住宅产业生态价值链系统的财务协同增值度量

	财务协同增值构成	财务协同增值度量
合理避税效益	利用生态技术与循环技术的引入享受税收优惠	数量型，可量化
	利用其他价值主体的经营亏损享受所得税递延	数量型，可量化
综合资本成本降低	外部资金转为内部资金带来的资本成本下降	数量型，可量化
	抵御市场风险能力增强带来的较低的贷款利率	数量型，可量化
	股东要求的风险回报率降低	数量型，可量化
股票上涨	股票价值上涨	数量型，可量化

2. 资源增值要素的度量

（1）资源集约利用增值的度量。住宅产业生态价值链系统的资源集约利用增值要素具体包括建筑材料的成本节约、土地集约利用的成本节约、水资源费用节约、综合能耗费用节约，具体分解与度量见表 5.7。

表 5.7　住宅产业生态价值链系统的资源集约利用增值度量

资源集约利用增值构成	资源集约利用增值度量
建筑材料的成本节约	数量型，可量化
土地集约利用的成本节约	数量型，可量化
水资源费用节约	数量型，可量化
综合能耗费用节约	数量型，可量化

（2）资源循环利用增值的度量。住宅产业生态价值链系统的资源循环利用增值要素具体包括建筑材料的循环利用增值、可再生材料利用增值、可再生能源利用增值、废旧土地的循环利用增值、污水处理与回收利用增值、雨水的循环利用增值、废气的循环利用增值，具体分解与度量见表 5.8。

表 5.8　住宅产业生态价值链系统的资源循环利用增值度量

资源循环利用增值构成	资源循环利用增值度量
建筑材料的循环利用增值	数量型，可量化
可再生材料利用增值	数量型，可量化
可再生能源利用增值	数量型，可量化
废旧土地的循环利用增值	数量型，可量化
污水处理与回收利用增值	数量型，可量化
雨水的循环利用增值	数量型，可量化
废气的循环利用增值	数量型，可量化

3. 生态增值要素的度量

住宅产业生态价值链系统的生态增值要素具体包括住宅项目选址远离污染源、声环境改善、热环境改善、光环境改善、空气质量改善、室内环境质量改善以及保护与利用原始资源等方面带来的增值，具体分解与度量见表5.9。

表 5.9 住宅产业生态价值链系统的生态增值度量

生态增值构成	生态增值度量
选址远离污染源的生态增值	质量型，定性
住宅项目的声环境改善增值	质量型，定性
住宅项目的热环境改善增值	质量型，定性
住宅项目的光环境改善增值	质量型，定性
住宅项目的空气质量改善增值	质量型，定性
住宅项目的室内环境质量改善增值	质量型，定性
住宅项目保护与利用原始资源增值	质量型，定性

4. 技术增值、品牌增值及市场价值提升要素的度量

住宅产业生态价值链系统技术增值、品牌增值以及市场价值提升的分解与度量见表5.10。

表 5.10 住宅产业生态价值链系统的技术增值、品牌增值及市场价值提升度量

技术增值、品牌增值及市场价值提升构成		技术、品牌及市场增值度量
技术增值	技术、信息、网络共享带来的成本降低	数量型，可量化
	技术创新带来的成本节约	数量型，可量化
	技术创新带来的管理、经营效率的提高	质量型，定性
品牌增值	价值主体知名度提升	质量型，定性
	价值主体市场地位及话语权的提升	质量型，定性
市场价值提升	由协同运行、资源合理配置、生态价值、技术及品牌效应等带来的市场价值提升	数量型，可量化

从表5.4～表5.10列出了住宅产业价值链系统价值主体协同价值要素的诸多类型及其度量类型，但并不代表所有，因为每一个系统都具有独一无二性。

二、价值增值衡量模型构建

在深入挖掘与度量住宅产业价值链系统的价值主体协同价值要素的基础上，为了便于计算住宅产业价值链系统的价值增值，本书利用分部加总模型构建住宅产业生态价值链系统的价值增值衡量模型，具体步骤如下。

步骤一：基于本书的价值界定，住宅产业生态价值链系统的价值增值用增量净现金流量加以说明，即在预期住宅产业生态价值链系统各个定量和定性价值增值产生的依据、发生作用的时点的基础上，预测各个价值主体各类价值增值的净现金流来量化价值增值的大小。

步骤二：将各个价值主体的各类价值增值分部分年加总，获得住宅产业生态价值链系统每一年带来的价值增值以现金流量形式表示为 ΔCF_t。

步骤三：假设住宅产业生态价值链系统运行的总年限为 T，利用系统每年带来的价值增值现值来构建住宅产业生态价值链系统价值增值衡量的一般动态模型：

$$V_s = \sum_{t=1}^{T} \frac{\Delta CF_t}{(1+i)^t} \qquad (5\text{-}11)$$

式中，V_s 为住宅产业生态价值链系统价值增值现值；ΔCF_t 为第 t 年用现金流量增值表示的价值；T 为住宅产业生态价值链系统运行的总年限；i 为折现率。

此外，利用住宅产业生态价值链系统价值增值衡量的一般动态模型，应综合考虑住宅产业生态价值链系统价值的增长规律。根据西方学者的归纳，价值链协同经营带来的未来现金流量划分为三种模式：一阶段型，即价值链协同经营后的企业以一定的比率无限期平稳增长型；二阶段型，即价值链协同经营后的企业先高速增长再平稳增长至无限期型；三阶段型，即价值链协同经营后的企业先低速增长，后高速增长，再平稳增长型。一般来说，企业在进行协同经营的初期效益并不太理想，经过一段时间整合优化后，企业高速增长，若干年后达到成熟期平稳增长，所以三阶段型在实际应用中比较理想。

因此，本书将利用折现法将住宅产业生态价值链系统价值增值衡量模型进行改造：把住宅产业生态价值链系统价值增值的预测时间分为两个阶段，第一阶段是系统构建生态价值链协同经营模式前几年的净现金流量增加值的现值，主要考虑净现金流量增加无明显规律，则逐年累计协同价值；第二阶段是系统在经历了协同经营模式的第一阶段后，净现金流量增加呈现了一定的规律，实现稳定可持续增长，假设稳定可持续增长率为 g；此阶段利用第一阶段以后的净现金流量增加值的现值来累计价值。从而得到住宅产业生态价值链系统价值增值衡量的动态阶段型模型：

$$V_s = \sum_{t=1}^{T_1} \frac{\Delta CF_t}{(1+i)^t} + \frac{\left[\frac{\Delta CF_{T_1}}{i-g} 1 - \left(\frac{1+g}{1-i}\right)^{T-T_1+1}\right]}{(1+i)^{T_1-1}} \qquad (5-12)$$

式中，T_1 为住宅产业生态价值链系统运行的第一阶段年限；g 为价值主体协同经营实现的稳定可持续增长率。

三、价值增值衡量模型解析

在利用住宅产业生态价值链系统价值增值衡量的阶段模型时，应该注意以下问题。

1. 住宅产业生态价值链系统运行的总年限 T 的确定

住宅产业生态价值链系统追求的是产业的可持续发展，然而，长期的产业可持续发展需要综合考虑影响住宅产业生态价值链系统协同与合作的各方因素，既包括产业内部因素也包括产业外部因素。也就是说，住宅产业生态价值链系统运行的总年限 T 需要综合考虑各种因素，由住宅产业生态价值链系统运行机制可知，影响住宅产业生态价值链系统协同经营的内部因素包括产业内的物质流、能量流、技术流、信息流、资金流、废物流和价值流等，外部因素包括城市的技术设施、生态环境、法律金融、政府管理等。有些住宅产业生态价值链系统的协同运行在这些因素的影响下，维持的年限并不长，甚至在一个住宅项目运行的过程中就面临结束；而有些住宅产业生态价值链系统维持的年限非常长，甚至可达 20 年以上。

在此，本书将住宅产业生态价值链系统运行的总年限 T 划分为有限年限和无限年限，以 20 年为有限年限和无限年限的分界点，则住宅产业生态价值链系统价值增值衡量的动态阶段型模型可以分为有限年限型和无限年限型。

$$V_s = \begin{cases} \sum_{t=1}^{T_1} \frac{\Delta CF_t}{(1+i)^t} + \dfrac{\dfrac{\Delta CF_{T_1}}{i-g}\left[1-\left(\dfrac{1+g}{1-i}\right)^{T-T_1+1}\right]}{(1+i)^{T_1-1}}, T \leqslant 20 \\ \sum_{t=1}^{T_1} \frac{\Delta CF_t}{(1+i)^t} + \dfrac{\dfrac{\Delta CF_{T_1}}{i-g}}{(1+i)^{T_1-1}}, T > 20 \end{cases} \qquad (5-13)$$

2. 第一阶段计算期 T_1 的确定

根据资金的时间价值原理可知，在住宅产业生态价值链系统持续协同经营情况下，计算时点距现在越远，其可预测的价值性越低，当计算时点距现在太远时，预测其协同价值已无实际意义。因此，现金流量增量模型的计算期可分为两个时期：第一阶段时期是有效计算时期，包括西方学者提出的三阶段型的前两个时期，对于住宅产业生态价值链系统来讲，可以按照一个住宅项目运行的全寿命周期来测算，一般为 3～5 年的经营情况；第二阶段时期是三阶段型的最后一个时期，因为资料的欠缺，所以无法具体预测，同时现金流的变化对现值的影响相对较小，可以认为产业进行协同经营呈一种稳定增长的状况，即每年的净现金流入量按平稳比率 g 增长，其数值以有效计算期最后一年的数据为基础进行计算。

3. 折现率 i 的确定

折现率 i，即系统运行的资本成本或所追求的投资回报率，反映的是产业投资风险，由市场决定，通常为市场利率，也可以选用住宅产业生态价值链系统协同经营的各个价值主体的加权资金成本。

4. 稳定可持续增长率 g 的确定

根据模型假设：住宅产业生态价值链系统价值主体在运行协同经营整合优化第一阶段时期后由协同经营带来的净现金流量保持稳定增长，所以稳定可持续增长率 g 的选取对测算住宅产业生态价值链系统协同价值现值 V_g 会有重要影响。为了合理确定增长率 g，必须考虑的因素有：□ 国家与区域的总体经济发展情况；□ 住宅产业生态化的发展前景；□ 住宅产业生态价值链系统协同经营可能带来的协同价值；□ 住宅产业价值链原来的合作方式及其运行状况；□ 各个价值主体对未来住宅产业生态技术、产业资金、住宅产品、住宅市场等方面的预期。

5. 折现率 i 和稳定可持续增长率 g 的关系

折现率 i 和稳定可持续增长率 g 的关系也对住宅产业生态价值链系统协同价值测算具有重要的影响作用。例如，当 $i=g$ 时，当系统协同价值总年限 T 为有限年限，即 $T \leqslant 20$ 时，住宅产业生态价值链系统价值主体协同作用的第二阶段协同价值的现值便为 $\Delta CF_{T_1}(T-T_1+1)/(1+i)^{T_1}$；当系统协同价值总年限 T 为无限年限，即 $T > 20$ 时，住宅产业生态价值链系统价值主体协同作用的第二阶段协同价值便毫无意义，即 $\Delta CF_{T_1}/(i-g)(1+i)^{T_1-1}$ 无意义。又如，当 $i < g$ 时，住宅产业生态价值链系统价值主体协同作用的第二阶段协同价值便为负值，即 $\Delta CF_{T_1}(i-g)(1+i)^{T_1-1} < 0$，更无协同合作的意义。因此，在住宅产业生态价值链系统价值主体进行协同经营创造产业价值时要时刻注意折现率 i 和稳定可持续增长率 g 的关系。

第六章　住宅产业生态价值链系统价值分配研究

第一节　住宅产业生态价值链系统价值分配机制探讨

一、价值分配机制模型的假设

住宅产业生态价值链系统是一个以房地产开发企业为关键种群，统筹其他众多卫星种群进行住宅产业协同经营、生态运行的系统。如果作为关键种群的房地产开发企业无法制定合理的合作协议，那么产业链上的其他卫星种群则会拒绝参加住宅产业生态价值链系统的动态联盟合作，或者在签订合作协议后采用消极怠工、消极合作的工作方式，致使整个价值链系统无法实现最初的合作联盟目的，不利于住宅产业整体的价值创造。因此，房地产开发企业必须考虑到价值分配机制对整个住宅产业生态价值链系统中各个价值主体的影响，以积极带动所有价值主体的合作热情，充分发挥各个价值主体的优势，实现共赢。本小节将利用委托-代理理论来阐述住宅产业生态价值链系统的价值分配机制。

假设 6.1：为了方便研究，住宅产业生态价值链系统价值分配模型的参与者仅为房地产开发企业与合作企业方。

假设 6.2：住宅产业生态价值链系统可分配的价值为整个住宅产业生态价值链系统创造的总价值减去为创造价值所发生的成本之后的部分。

假设 6.3：房地产开发企业为构建住宅产业生态价值链系统的合作创造价值付出的努力为 e_1，付出的成本函数为 $C_1(e_1)$，付出的成本随着付出努力值的增加而增加，且增加的速度呈现上涨的趋势，即 $C_1'(e_1) > 0$，$C_1''(e_1) > 0$。

假设 6.4：合作企业为住宅产业生态价值链系统的合作创造价值承担的固定成本 C_{2f}，付出的努力水平为 e_2，相应的付出成本函数为 $C_2(e_2)$，且 $C_2'(e_2) > 0$，$C_2''(e_2) > 0$。

假设 6.5：住宅产业生态价值链系统合作创造的总价值函数为 $R = R_1(e_1) + R_2(e_2) + \xi$，其中，$e_1$ 和 e_2 为房地产开发企业与合作企业对住宅产业生态价值链系统创造价值所付出的努力水平；$R_1(e_1)$ 和 $R_2(e_2)$ 为房地产开发企业与合作企业在住宅产业生态价值链系统中创造的总价值，根据实际，$R_1(e_1)$ 和 $R_2(e_2)$ 随着各自付出努力的增加而增加，但因为边际报酬呈递减规律所以其增长速度呈现不断降低趋势，即 $R_1'(e_1) > 0$，$R_1''(e_1) < 0$，$R_2'(e_2) > 0$，$R_2''(e_2) < 0$；ξ 为外界随机干

扰变量，如通货膨胀、市场竞争、建筑材料紧缺等，服从 $N(0, \sigma^2)$ 的正态分布。

假设 6.6：房地产开发企业与合作企业将完全分配住宅产业价值链系统的总价值，利益分配的合同中规定合作企业分享的利益 S_2 与住宅产业生态价值链系统的总价值呈线性关系，即

$$S_2 = S_0 + \alpha R \tag{6-1}$$

式中，S_0 为固定报酬；α 为收益分成系数 $(0 \leqslant \alpha \leqslant 1)$。

假设 6.7：房地产开发企业的风险偏好为风险中性，即其期望效用等于期望收入，不存在风险成本；而合作企业的风险偏好为风险回避，即利益风险会给企业带来额外的风险成本。

二、价值分配机制模型的构建

根据上述假设，可以得到房地产开发企业的期望价值分享为

$$U_1 = R - C_1(e_1) - S_2 \tag{6-2}$$

合作企业的期望价值分享为

$$U_2 = S_2 - C_{2f} - C_2(e_2) \tag{6-3}$$

将房地产开发企业的最大化期望价值分享作为价值分配模型的目标函数，同时，将合作企业的最大化期望价值分享作为模型的约束条件，根据委托-代理理论，该模型的约束条件分为个人理性约束（individual rationality constraint）和激励相容约束（incentive compatibility constraint）两种。个人理性约束即合作企业的收益不得小于其不参与合作时的最大期望效用，该期望效用由合作企业面临其他市场的机会来决定，用 W_0 表示，即

$$(\text{IR}) U_2 \geqslant W_0 \tag{6-4}$$

激励相容约束是指任何价值分配机制下合作企业都会根据自身效用最大化来选择自己的行动，即

$$(\text{IC}) \arg \max(U_2) \tag{6-5}$$

则住宅产业生态价值链系统价值分配的一般模型可描述为

$$\begin{cases} \max[R - C_1(e_1) - S_2] \\ \text{s.t. (IR)}[S_2 - C_{2f} - C_2(e_2)] \geqslant W_0 \\ (\text{IC}) \arg \max[S_2 - C_{2f} - C_2(e_2)] \end{cases} \tag{6-6}$$

进而，由假设 6.7 考虑住宅产业生态价值链系统的风险成本。房地产开发企业为风险中性类型，不存在风险；而合作企业为风险规避类型，将承担一定的风险成本，用 k_2 合作企业的风险回避系数，则合作的风险成本为

$$C_{r2} = \frac{1}{2}k_2 \cdot \text{Var}(S_2) = \frac{1}{2}k_2\alpha^2\sigma^2 \tag{6-7}$$

结合式（6-1）～式（6-7），可得到式（6-6）的等价确定形式为

$$\begin{cases} \max(1-\alpha)(R_1(e_1) + R_2(e_2)) - C_1(e_1) - S_0 \\ \text{s.t. (IR)}[S_0 + \alpha(R_1(e_1) + R_2(e_2)) - C_{2f} - C_2(e_2) - \frac{1}{2}k_2\alpha^2\sigma^2] \geqslant W_0 \\ \text{(IC)}\arg\max[S_0 + \alpha(R_1(e_1) + R_2(e_2)) - C_{2f} - C_2(e_2) - \frac{1}{2}k_2\alpha^2\sigma^2] \end{cases} \tag{6-8}$$

三、价值分配机制模型的分析与启示

通过式（6-8）构成的住宅产业生态价值链系统价值分配模型可得以下推论。

推论6.1：当合作企业的风险规避度越大（k_2越大），市场风险越大（σ^2越大），并且其努力水平对分享价值比例影响越小（$e_2'(\alpha)$越小）时，或者合作企业的努力水平对住宅产业生态价值链系统创造价值的作用越小（$R_2'(e_2)$越小）时，合作企业分享价值比例越小（α越小）越合理。

也就是说，当市场风险越大时，合作企业风险规避度越高，其努力的可靠度下降，且增加分享价值比例对其努力的激励作用也越来越小，其努力的程度对整个住宅产业生态价值链系统价值创造能力的作用也越小，此时，房地产开发企业应该降低对合作企业的依赖程度，降低合作企业的分享价值比例。

证明：

由式（6-8）可知，

$$S_0 + \alpha(R_1(e_1) + R_2(e_2)) - C_{2f} - C_2(e_2) - \frac{1}{2}k_2\alpha^2\sigma - W_0 \geqslant 0$$

$$\Rightarrow S_0 \geqslant \frac{1}{2}k_2\alpha^2\sigma + C_{2f} + C_2(e_2) + W_0 - \alpha(R_1(e_1) + R_2(e_2))$$

为了实现：$\max(1-\alpha)(R_1(e_1) + R_2(e_2)) - C_1(e_1) - S_0$

则取：

$$S_0 = \frac{1}{2}k_2\alpha^2\sigma + C_{2f} + C_2(e_2) + W_0 - \alpha(R_1(e_1) + R_2(e_2)) \tag{6-9}$$

将式（6-9）输入式（6-8）的目标函数：

$$\begin{aligned} &\max(1-\alpha)(R_1(e_1) + R_2(e_2)) - C_1(e_1) - S_0 \\ &= \max(R_1(e_1) + R_2(e_2)) - C_1(e_1) - C_2(e_2) - C_{2f} - \frac{1}{2}k_2\alpha^2\sigma^2 - W_0 \end{aligned} \tag{6-10}$$

对式（6-8）中的激励相容约束条件(IC)的e_2求极值，可以得到合作企业的最优努力e_2满足：

$$\alpha R_2'(e_2) = C_2'(e_2) \tag{6-11}$$

根据式（6-10）和式（6-11）可得最优的α：

$$k_2\alpha\sigma^2 = (R_2'(e_2) - C_2'(e_2))\cdot\frac{\mathrm{d}e_2}{\mathrm{d}\alpha}$$

$$= (1-\alpha)R_2'(e_2)e_2'(\alpha)$$

$$\Rightarrow \alpha = \frac{R_2'(e_2)e_2'(\alpha)}{k_2\sigma^2 + R_2'(e_2)e_2'(\alpha)}$$

$$= \frac{1}{\dfrac{k_2\sigma^2}{R_2'(e_2)e_2'(\alpha)}+1}$$

即最优的 α 值为

$$\alpha^* = \frac{1}{\dfrac{k_2\sigma^2}{R_2'(e_2)\cdot e_2'(\alpha)}+1} \tag{6-12}$$

由式（6-12）可得，合作企业最优的 α 值与风险规避度 k_2、市场风险 σ^2 呈反比，而与其努力水平对分享价值比例影响 $e_2'(\alpha)$、努力水平对住宅产业生态价值链系统创造价值的作用 $R_2'(e_2)$ 呈正比。因此，推论 6.1 得证。

推论 6.2：如果事前协议中合作企业的价值分享与住宅产业生态价值链系统总价值无关（ $\alpha = 0$ ），那么合作过程中合作企业不会做出任何努力（ $e_2 = 0$ ）。

证明：

令 $\alpha = 0$ ，则对式（6-6）中的激励相容约束条件(IC)变为

$$\arg\max[S_0 - C_{2f} - C_2(e_2)] \tag{6-13}$$

又因为 S_0 为事先协议中规定的合作企业可获得的固定收益，所以作为理性人的合作企业将以付出最小成本的方式来实现价值最大化。而 C_{2f} 已是事前投入的沉入成本，不可节省，故合作企业必然选择 $\min[C_2(e_2)]=0$ 的方案。

由假设 6.4 可得， $C_2'(e_2) > 0$ 。

当 $\min[C_2(e_2)]=0$ 时， e_2 取最小值，即 $e_2 = 0$ 。因此，推论 6.2 得证。

推论 6.3：在合作过程中，合作企业是否愿意为合作付出更多的努力取决于合作企业在住宅产业生态价值链系统的总价值中拥有的价值分享份额，当拥有的价值分享份额越大（ α 越大）时，其愿意付出的努力越多。

证明：

利用式（6-11）对 e_2 求导，得到合作企业最优的努力满足：

$$\alpha R_2'(e_2) = C_2'(e_2)$$

$$\Rightarrow R_2'(e_2) + \alpha R_2''(e_2)\frac{\partial e_2}{\partial\alpha} = C_2''(e_2)\frac{\partial e_2}{\partial\alpha} \tag{6-14}$$

$$\Rightarrow \frac{\partial e_2}{\partial\alpha} = \frac{R_2'(e_2)}{C_2''(e_2) - \alpha R_2''(e_2)}$$

因为，$\alpha > 0, R_2'(e_2) > 0, C_2''(e_2) > 0, R_2''(e_2) < 0$。

所以，$\dfrac{\partial e_2}{\partial \alpha} > 0$，推论 6.3 得证。

推论 6.4：在住宅产业生态价值链系统中房地产开发企业与合作企业所承担的风险比例也与合作企业的价值分享比例有关，当合作企业的价值分享比例越大（α越大）时，合作企业承担的风险就越大，而房地产开发企业所承担的市场风险就越小。

证明：

市场风险由其收益的方差反应，则房地产开发企业的风险为

$$\begin{aligned}
&\mathrm{Var}(R - C_1(e_1) - S_2) \\
&= \mathrm{Var}[(1-\alpha)(R_1(e_1) + R_2(e_2)) - C_1(e_1) - S_0] \\
&= (1-\alpha)\sigma^2
\end{aligned} \qquad (6\text{-}15)$$

合作企业的风险为

$$\begin{aligned}
&\mathrm{Var}(S_2 - C_{2f} - C_2(e_2)) \\
&= \mathrm{Var}[S_0 + \alpha(R_1(e_1) + R_2(e_2)) - C_{2f} - C_2(e_2)] \\
&= \alpha\sigma^2
\end{aligned} \qquad (6\text{-}16)$$

所以，合作企业分享的价值分享份额与其承担的风险呈正比，价值分享份额越大，其承担的风险就越大，相应地，房地产开发企业承担的风险越小。值得注意的是，当 $\alpha = 0$ 时，房地产开发企业将承担全部市场风险；当 $\alpha = 1$ 时，合作企业将承担全部市场风险。

综上所述，根据不同的住宅产业生态价值链系统价值分配方案，房地产开发企业与各个价值主体在合作过程中将以选择不同的行为方式来实现自身价值最大化，进而影响整个系统价值创造与分配的整体效果。为此，制定一个合理的价值分配方案不仅能使各个价值主体得到与自己付出贡献和努力相匹配的合理利益，调动系统内每个价值主体的合作积极性，还能使住宅产业生态价值链系统中各个价值主体的协同优势得以充分发挥，这对于住宅产业生态价值链系统的价值最大化和可持续发展具有重要的意义。

第二节　住宅产业生态价值链系统价值分配模型构建

一、价值分配模型的前提假设

住宅产业生态价值链系统属于一个价值创造联盟，系统中的所有局中人将构成一个大的联盟，并在某种讨价还价过程之后分摊联盟创造的价值。这个讨价还价过程所形成的配置将取决于联盟内局中人的力量（power）结构，而不是讨价还

价过程方面的细节。一个局中人的力量就是他通过同意或拒绝与任何局中人合作而对他们有所帮助或造成伤害的能力，即带来的价值增加与价值减少。

假设住宅产业生态价值链系统 S 的参与局中人为 N 个，对于某一局中人 $i(i \in N)$ 而言，其独立运营的收益为 x_i，其加入联盟获得的收益为 v_i。其中，x_i 可以看成提供服务（如策划咨询单位、中介服务机构、物业管理公司提供策划、咨询、物业管理等服务）或者出售住宅产业阶段性产品（如规划设计部门、建材供应单位等提供设计图纸、建筑材料等产品）所得。当 $1 < S < N$ 时，住宅产业生态价值链系统由 S 个局中人结成的联盟与联盟购买 $N-S$ 的服务或者产品所构成。

对所有的住宅产业生态价值链系统局中人算出 $V(n)$，就得到住宅产业生态价值链系统中 N 人合作对策 (N,V)。通过对策 (N,V) 的解，即可将整个住宅产业生态价值链系统获得的总价值分配给各个局中人，从而实现合理分配的目的。

二、价值分配模型的特征函数

定义 6.1：设住宅产业生态价值链系统合作对策局中人的集合为 $I = \{1, 2, \cdots, n\}$，其中局中人的每个子集 S 和函数值 $V(S)$ 可表述为：子集 S 当中的局中人成为一个联盟系统时，不管 S 以外的局中人采取什么策略，联盟 S 通过协调其成员的策略，保证该价值链系统能获得的最大产业价值。这样的 $V(S)$ 称为 n 人对策的特征函数，并满足：

$$\begin{cases} V(\phi) = 0, \ \phi \text{为空集} \\ V(i \bigcup j) \geqslant x_i + x_j, \ i \bigcap j = 0 \end{cases} \tag{6-17}$$

式中，i 和 j 都是 I 的子集，表示独立运行的住宅产业生态价值链系统局中人。当 $V(S)$ 满足上述两个条件时，就称 $V(S)$ 为 I 上的特征函数。

$V(i \bigcup j) \geqslant x_i + x_j, i \bigcap j = 0$ 称为价值超加性（super-additivity）。它反映了住宅产业生态价值链系统中两个成员合作后分享的价值不应小于其单独干时分享的价值之和。

此外，当应用特征函数来研究住宅产业生态价值链系统的多人合作博弈时，实际上也做了这样的假设：系统中的各局中人都在相同的分配尺度下分享价值，同时还可以按照任意分配方式来进行分配。

三、价值分配模型的分配向量

在分析住宅产业生态价值链系统成员合作对策时，系统联盟和联盟成员间的价值分配是两个值得注意的重要问题。一般认为，多人合作对策的重要部分是进行预先协商，以确定联盟合作的形式及报酬计算可行的分配办法。显然，价值的分配会影响到联盟的形成以及联盟的稳定性，因为某些系统局中人可能会为了进入一个特别有利的产业价值链系统联盟而向其他合作局中人提供大量价值，而且每个成员都想进入一个可以得到更大价值的系统联盟。因此，描述一个联盟，联盟局中人的价值分配必须表达清楚。

定义6.2：在特征函数为 V 的 n 人对策中，分配向量 $V = (v_1, v_2, \cdots, v_n)$ 是一个满足下列条件的向量：

$$\begin{cases} \sum_{i=1}^{n} v_i = V(N) \\ x_i \leqslant v_i \end{cases} \tag{6-18}$$

即住宅产业生态价值链系统中的局中人构成联盟合作运行时，局中人从中分配到的产业价值也是最大的，且大于其放弃合作单独运行时所获得的价值。

一般而言，一个系统联盟的分配向量不止一种，住宅产业价值链系统联盟的价值分配方式不止一种，且一种确定的分配向量不可能对每个局中人都是最好的，假如考虑两种分配向量 V, V'：

$$\sum_{i=1}^{n} v_i = V(N) = \sum_{i=1}^{n} v_i' \tag{6-19}$$

对于某些特定的联盟而言，X 有可能对每一联盟成员都优于 V'（$V \succ V'$），即一种分配向量优于另一种分配向量，为了和其他联盟相抗衡，联盟内局中人总是要求联盟提供更好的分配的力量。但在有些情况下，从不同角度分析，$V \succ V'$ 与 $V \prec V'$ 有可能同时存在。分配向量就是住宅产业生态价值链系统联盟中各个企业分享到的价值分配，各个企业作为联盟的局中人要求有更好的分配方案，因此 $V \succ V'$ 与 $V \prec V'$ 不可能同时成立。

四、价值分配模型的对策模型

基于上述价值分配模型的前提假设、特征函数、分配向量的分析，基于 n 人合作对策的住宅产业价值链系统的价值分配模型为

$$\mathrm{s.t.} \begin{cases} \sum_{i=1}^{n} v_i = V(N) \\ x_i \leqslant v_i \\ V(i \bigcup j) \geqslant x_i + x_j, \ i \bigcap j = 0 \\ V(\phi) = 0, \ \phi \text{为空集} \end{cases} \tag{6-20}$$

五、价值分配模型的求解模型

住宅产业生态价值链系统的价值分配模型是多人合作对策理论在现实社会经济中的又一应用。本书将采用 Shapley 值法、简化的 MCRS（minimum cost-remaining saving）法、最小核心法、纳什谈判模型等四种方法进行求解分析。

1. Shapley 值法

Shapley 值法，是由 Shapley 在 1953 年提出的按照多人合作中局中人边际费用的期望值来分配价值的方法。他认为在特征函数为 V 的多人合作对策中，局中人 i 期望获得的价值应满足三条公理。

公理 6.1：对称性公理，即当合作联盟中总价值不发生变化时，由一个局中人替代另一个局中人，他们分享到的价值相等，意味着局中人的平等关系，可以用以下公式表示：

$$v_i = v_j \ (i, j \in I) \tag{6-21}$$

公理 6.2：有效性公理，即所有局中人分配获得的价值之和等于所有局中人联盟的总价值，意味着联盟的总价值进行完全分配，可以用以下公式表示：

$$\sum_{i=1}^{n} v_i = V(N) \tag{6-22}$$

公理 6.3：可加性公理，即两个对策之和的价值等于两个对策值之和，表示联盟中的 n 个局中人同时独立进行两个对策，每个联盟的价值刚好是两个对策分别进行时的收益之和，那么局中人在联盟中分配得到的价值是在两个分对策中分配得到的价值之和，可以用以下公式表示：

$$v(u + v) = v(u) + v(v) \ (u, v \text{表示两个不同的对策}) \tag{6-23}$$

满足上述三个公理的问题具有唯一解：

$$v_i = \sum_{S \subseteq N \setminus i} \frac{|S|!(n - |S| - 1)!}{n!} (v(S \cup \{i\}) - v(S)) \tag{6-24}$$

式中，v_i 为局中人能够分配到的价值，即 Shapley 值；S 为合作联盟中的局中人数量；$\dfrac{|S|!(n - |S| - 1)!}{n!}$ 为加权因子；$v(\phi) = 0$。

2. 简化的 MCRS 法

简化的 MCRS 法是一种用于合作对策中价值分配和成本分摊的模型求解。住宅产业生态价值链系统价值分配的计算公式为

$$\begin{cases} v_i = X_{i\min} + \dfrac{\left[V(N) - \sum\limits_{i \in N} X_{i\min}\right]}{\sum\limits_{i \in N}(X_{i\max} - X_{i\min})}(X_{i\max} - X_{i\min}), \forall i \in N \\ X_{i\max} = V(N) - V(N-i) \\ X_{i\min} = V(N)_i = v_i \end{cases} \quad （6\text{-}25）$$

式中，$X_{i\max}$ 为合作联盟中局中人 i 理想价值所得；$X_{i\min}$ 为合作联盟中局中人 i 的实际所得。

3. 最小核心法

1953 年，Gillies 从满足整体合理性和个人合理性的合理分配集合中选择了一组合理分配方式，它不被其他合理分配所支配，即对于合作联盟 S 来说是将合作对策 (N,V) 的核心作为收益分配方案。考虑到合作对策的核心有可能存在空集，后来的学者在核心法的合理性条件上加以松弛变量，提出了最小核心法、弱核心法、比例最小核心法。因为这三种核心法结构相似，所以仅利用最小核心法就可进行住宅产业生态价值链系统价值分配模型的解构。

住宅产业生态价值链系统价值分配模型的最小核心解为

$$\min \varepsilon$$
$$\text{s.t.} \begin{cases} x_i \leqslant v_i \\ \sum\limits_{i \in S} v_i \geqslant V(S) + e, \ \forall S \subset N 且 |S| > 1 \\ \sum\limits_{i=1}^{n} v_i = V(N) \end{cases} \quad （6\text{-}26）$$

式中，e 为松弛变量，其他同上。

4. 纳什谈判模型

纳什谈判模型又称讨价还价模型，是纳什在 1950 年系统地提出的一系列谈判原则，并证明了符合这些原则的唯一解。同时纳什谈判模型必须符合以下三个原则：①度量无关性，即收益的计量单位发生线性改变时谈判结果依然不变；②帕累托效率性，即谈判结果应该是有效的；③不相关选择的无关性，即如果删除可行的但永远不会成为谈判结果的谈判方案，谈判结果依然不变。因此纳什谈判解就变成最大化问题的最优解。然而其仅适用于两个谈判的模型，而住宅产业生态价值链系统的合作联盟参与人将远远超过两人，因此，将其扩展至 N 人合作的模型解集：

$$\max = (v_1 - x_1)^{a_1} (v_2 - x_2)^{a_2} \cdots (v_i - x_i)^{a_i} \cdots (v_N - x_N)^{a_N}$$

$$\text{s.t.} \begin{cases} \sum_{i \in N} v_i = V(N) \\ \sum_{i \in N} a_i = 1, \text{且} a_i > 0 \end{cases} \qquad (6\text{-}27)$$

式中，a_i 为系统中各个局中人的重要性程度，即权重。对住宅产业生态价值链系统来说，合作联盟中的局中人都是十分重要的，假定 $a_i = \dfrac{1}{N}$。

第三节　住宅产业生态价值链系统价值分配仿真模拟

一、价值分配数据模拟

住宅产业生态价值链系统合作联盟的构成成员繁多，但是为了清晰地模拟价值分配模型的运行，本书设置房地产开发企业、规划设计院、建材供应单位、施工单位、建筑节能技术中心等五个参与人来构成住宅产业生态价值链系统。其中，房地产开发企业将负责系统中的土地供给和资本投入；规划设计院负责系统中项目的策划与设计；建材供应单位负责供应系统中所需的建筑材料；施工单位负责系统中的施工作业；建筑节能技术中心为系统运行各环节的节能技术提供服务。当然，系统中需要的其他资源将由该五人组成的系统联盟向系统外购买产品或者服务获得。

用多人合作对策理论来描述这个住宅产业生态价值链系统便是：$N = (1, 2, 3, 4, 5)$，房地产开发企业、规划设计院、建材供应单位、施工单位、建筑节能技术中心分别对应为 1、2、3、4、5。当这五个成员拒绝合作，独立开展工作时分别能够获得价值 85、15、60、45、8 个单位，企业所承担的资源消耗较大，面临的技术风险也难以预测。所以，同其他成员合作运营是一种合理的选择。考虑这五个成员所有的合作可能性，经过住宅产业相关专家反复评定后，各种合作联盟可能的收益如表 6.1 所示。

表 6.1　住宅产业生态价值链系统联盟收益模拟表

联盟组合方式	联盟收益	联盟组合方式	联盟收益
{1}	85	{1, 2}	138
{2}	15	{1, 3}	158
{3}	60	{1, 4}	150
{4}	45	{1, 5}	123
{5}	8	{2, 3}	120

续表

联盟组合方式	联盟收益	联盟组合方式	联盟收益
{2, 4}	115	{2, 3, 4}	185
{2, 5}	90	{2, 3, 5}	169
{3, 4}	140	{2, 4, 5}	165
{3, 5}	118	{3, 4, 5}	175
{4, 5}	98	{1, 2, 3, 4}	288
{1, 2, 3}	225	{1, 2, 3, 5}	263
{1, 2, 4}	212	{1, 2, 4, 5}	255
{1, 2, 5}	181	{1, 3, 4, 5}	275
{1, 3, 4}	243	{2, 3, 4, 5}	248
{1, 3, 5}	215	{1, 2, 3, 4, 5}	345
{1, 4, 5}	193		

二、价值分配仿真计算

将房地产开发企业、规划设计院、建材供应单位、施工单位、建筑节能技术中心这五个参与人构成的住宅产业生态价值链系统用大联盟系统 $N=(1,2,3,4,5)$ 来表示，且应用 Shapley 值法、简化的 MCRS 法、最小核心法、纳什谈判模型来进行模拟计算分析。

1. Shapley 值法的解集

根据 Shapley 值的计算公式：

$$v_i = \sum_{S \subseteq N \backslash i} \frac{|S|!(n-|S|-1)!}{n!}(v(S \cup \{i\}) - v(S))$$

首先计算局中人 1 的分配价值 v_1。

步骤一：分析局中人 1 包含在 "$\{N \backslash i\}$" 中的联盟结构。根据表 6.1 可得，对于局中人 1 而言，包含 16 个联盟结构方式：$\varnothing$、$\{2\}$、$\{3\}$、$\{4\}$、$\{5\}$、$\{2, 3\}$、$\{2, 4\}$、$\{2, 5\}$、$\{3, 4\}$、$\{3, 5\}$、$\{4, 5\}$、$\{2, 3, 4\}$、$\{2, 3, 5\}$、$\{2, 4, 5\}$、$\{3, 4, 5\}$、$\{2, 3, 4, 5\}$，其中 $\varnothing$ 表示局中人 1 独立开展活动，不同任何其他参与人结盟。这样分别计算其 $t(v_S) = (v(S \cup \{i\}) - v(S))$ 值，这 16 个联盟结构对应的 $t(v_S)$ 为 $[v(1) - v(\phi)]$、$[v(1,2) - v(2)]$、$[v(1,3) - v(3)]$、$[v(1,4) - v(4)]$、$[v(1,5) - v(5)]$、$[v(1,2,3) - v(2,3)]$、$[v(1,2,4) - v(2,4)]$、$[v(1,2,5) - v(2,5)]$、$[v(1,3,4) - v(3,4)]$、$[v(1,3,5) - v(3,5)]$、$[v(1,4,5) - v(4,5)]$、$[v(1,2,3,4) - v(2,3,4)]$、$[v(1,2,3,5) - v(2,3,5)]$、$[v(1,2,4,5) - v(2,4,5)]$、$[v(1,3,4,5) - v(3,4,5)]$、$[v(1,2,3,4,5) - v(2,3,4,5)]$。

步骤二：计算局中人 1 所有包含在 "$\{N \setminus i\}$" 中的联盟结构对应的权重值，即 $w(S) = \dfrac{|S|!(n-|S|-1)!}{n!}$。这 16 个联盟结构对应的 $w(S)$ 为 $w(0) = \dfrac{|0|!(5-0-1)!}{5!} = \dfrac{1}{5}$、

$w(1) = \dfrac{|1|!(5-1-1)!}{5!} = \dfrac{1}{20}$、$w(1) = \dfrac{|1|!(5-1-1)!}{5!} = \dfrac{1}{20}$、$w(1) = \dfrac{|1|!(5-1-1)!}{5!} = \dfrac{1}{20}$、$w(1) =$

$\dfrac{|1|!(5-1-1)!}{5!} = \dfrac{1}{20}$、$w(2) = \dfrac{|2|!(5-2-1)!}{5!} = \dfrac{1}{30}$、$w(2) = \dfrac{|2|!(5-2-1)!}{5!} = \dfrac{1}{30}$、$w(2) =$

$\dfrac{1}{30}$、$w(2) = \dfrac{|2|!(5-2-1)!}{5!} = \dfrac{1}{30}$、$w(2) = \dfrac{|2|!(5-2-1)!}{5!} = \dfrac{1}{30}$、$w(2) = \dfrac{|2|!(5-2-1)!}{5!} = \dfrac{1}{30}$、

$w(3) = \dfrac{|3|!(5-3-1)!}{5!} = \dfrac{1}{20}$、$w(3) = \dfrac{|3|!(5-3-1)!}{5!} = \dfrac{1}{20}$、$w(3) = \dfrac{|3|!(5-3-1)!}{5!} = \dfrac{1}{20}$、$w(3) =$

$\dfrac{|3|!(5-3-1)!}{5!} = \dfrac{1}{20}$、$w(4) = \dfrac{|4|!(5-4-1)!}{5!} = \dfrac{1}{5}$。

步骤三：将步骤一和步骤二的结果代入 Shapley 值的计算公式进行计算获得局中人 1 的分配价值 v_1：

$$v_1 = \sum_{S \subseteq N \setminus i} \frac{|S|!(n-|S|-1)!}{n!}(v(S \cup \{i\}) - v(S))$$

$$= [v(1) - v(\phi)] \times \frac{|0|!(5-0-1)!}{5!} + [v(1,2) - v(2)] \times \frac{|1|!(5-1-1)!}{5!}$$

$$+ [v(1,3) - v(3)] \times \frac{|1|!(5-1-1)!}{5!} + [v(1,4) - v(4)] \times \frac{|1|!(5-1-1)!}{5!}$$

$$+ [v(1,5) - v(5)] \times \frac{|1|!(5-1-1)!}{5!} + [v(1,2,3) - v(2,3)] \times \frac{|2|!(5-2-1)!}{5!}$$

$$+ [v(1,2,4) - v(2,4)] \times \frac{|2|!(5-2-1)!}{5!} + [v(1,2,5) - v(2,5)] \times \frac{|2|!(5-2-1)!}{5!} +$$

$$[v(1,3,4) - v(3,4)] \times \frac{|2|!(5-2-1)!}{5!} + [v(1,3,5) - v(3,5)] \times \frac{|2|!(5-2-1)!}{5!}$$

$$+ [v(1,4,5) - v(4,5)] \times \frac{|2|!(5-2-1)!}{5!} + [v(1,2,3,4) - v(2,3,4)] \times \frac{|3|!(5-3-1)!}{5!}$$

$$+ [v(1,2,3,5) - v(2,3,5)] \times \frac{|3|!(5-3-1)!}{5!} + [v(1,2,4,5) - v(2,4,5)] \times \frac{|3|!(5-3-1)!}{5!}$$

$$+ [v(1,3,4,5) - v(3,4,5)] \times \frac{|3|!(5-3-1)!}{5!} + [v(1,2,3,4,5) - v(2,3,4,5)] \times \frac{|3|!(5-4-1)!}{5!}$$

$$= [85-0] \times \frac{1}{5} + [138-15] \times \frac{1}{20} + [158-60] \times \frac{1}{20} + [150-45] \times \frac{1}{20} + [123-8] \times \frac{1}{20}$$

$$+ [225-120] \times \frac{1}{30} + [212-115] \times \frac{1}{30} + [181-90] \times \frac{1}{30} + [243-140] \times \frac{1}{30}$$

$$+[215-118]\times\frac{1}{30}+[193-98]\times\frac{1}{30}+[288-185]\times\frac{1}{20}+[263-169]\times\frac{1}{20}$$

$$+[255-165]\times\frac{1}{20}+[275-175]\times\frac{1}{20}+[345-248]\times\frac{1}{5}$$

$$=97.40$$

由此可得局中人 1 分配获得 Shapley 值为 97.40 个单位。

步骤四：重复步骤一～步骤三，计算获得局中人 2、局中人 3、局中人 4、局中人 5 的分配价值。由此，可得局中人 1～局中人 5 的价值分配向量为（97.40，53.32，81.90，70.15，42.23）。

2. 简化的 MCRS 法的解集

根据式（6-25），计算如下。

步骤一：计算 $X_{i\max}$ 和 $X_{i\min}$ 值。

$$X_{i\max}=\{[v(1,2,3,4,5)-v(2,3,4,5)],[v(1,2,3,4,5)-v(1,3,4,5)],$$

$$[v(1,2,3,4,5)-v(1,2,4,5)],[v(1,2,3,4,5)-v(1,2,3,5)],[v(1,2,3,4,5)-v(1,2,3,4)]\}$$

$$=\{[345-248],[345-275],[345-255],[345-263],[345-288]$$

$$=\{97,70,90,82,57\}$$

$$X_{i\min}=\{v(1),v(2),v(3),v(4),v(5)\}=\{85,15,60,45,8\}$$

步骤二：计算分配系数 $\dfrac{\left[V(N)-\sum\limits_{i\in N}X_{i\min}\right]}{\sum\limits_{i\in N}(X_{i\max}-X_{i\min})}$。

$$\frac{\left[V(N)-\sum\limits_{i\in N}X_{i\min}\right]}{\sum\limits_{i\in N}(X_{i\max}-X_{i\min})}=\frac{345-(85+15+60+45+8)}{(97-85)+(70-15)+(90-60)+(82-45)+(57-8)}=\frac{132}{183}=0.7213$$

步骤三：分别计算局中人 1～局中人 5 的价值分配值。

$$v_1=85+0.7213\times(97-85)=93.66$$

$$v_2=15+0.7213\times(70-15)=54.67$$

$$v_3=60+0.7213\times(90-60)=81.64$$

$$v_4=45+0.7213\times(82-45)=71.69$$

$$v_5=8+0.7213\times(57-8)=43.34$$

由此，根据简化的 MCRS 法获得的模拟住宅产业生态价值链系统的分配向量为（93.66，54.67，81.64，71.69，43.34）。

3. 最小核心法的解集

根据式（6-26），将模拟的住宅产业生态价值链系统的价值分配问题描述为以下 6 个未知数和 31 个约束条件的线性规划模型。

$\min e$

$$\text{s. t.}\begin{cases} v_1 \geqslant 85; \\ v_2 \geqslant 15; \\ v_3 \geqslant 60; \\ v_4 \geqslant 45; \\ v_5 \geqslant 8; \\ v_1 + v_2 - e \geqslant 138; \\ v_1 + v_3 - e \geqslant 158; \\ v_1 + v_4 - e \geqslant 150; \\ v_1 + v_5 - e \geqslant 123; \\ v_2 + v_3 - e \geqslant 120; \\ v_2 + v_4 - e \geqslant 115; \\ v_2 + v_5 - e \geqslant 90; \\ v_3 + v_4 - e \geqslant 140; \\ v_3 + v_5 - e \geqslant 118; \\ v_4 + v_5 - e \geqslant 98; \\ v_1 + v_2 + v_3 - e \geqslant 225; \\ v_1 + v_2 + v_4 - e \geqslant 212; \\ v_1 + v_2 + v_5 - e \geqslant 181; \\ v_1 + v_3 + v_4 - e \geqslant 243; \\ v_1 + v_3 + v_5 - e \geqslant 215; \\ v_1 + v_4 + v_5 - e \geqslant 193; \\ v_2 + v_3 + v_4 - e \geqslant 185; \\ v_2 + v_3 + v_5 - e \geqslant 169; \\ v_2 + v_4 + v_5 - e \geqslant 165; \\ v_3 + v_4 + v_5 - e \geqslant 175; \\ v_1 + v_2 + v_3 + v_4 - e \geqslant 288; \\ v_1 + v_2 + v_3 + v_5 - e \geqslant 263; \\ v_1 + v_2 + v_4 + v_5 - e \geqslant 255; \\ v_1 + v_3 + v_4 + v_5 - e \geqslant 275; \\ v_2 + v_3 + v_4 + v_5 - e \geqslant 248; \\ v_1 + v_2 + v_3 + v_4 + v_5 - e \geqslant 345 \end{cases} \tag{6-28}$$

进而，应用 TORA 线性规划软件计算上述模型，得到以下结果。

图 6.1　住宅产业生态价值链系统价值分配模拟最小核心法解集

由图 6.1 可得，住宅生态价值链系统价值分配模拟最小核心法解集为（97.00，56.00，72.00，74.00，46.00）。

4. 纳什谈判模型的解集

将住宅产业生态价值链系统价值分配模拟数据代入式（6-27），可以得到以下表达式：

$$\max = (v_1 - 85)^{0.2}(v_2 - 15)^{0.2}(v_3 - 60)^{0.2}(v_4 - 45)^{0.2}(v_5 - 8)^{0.2}$$
$$\mathrm{s.t.} v_1 + v_2 + v_3 + v_4 + v_5 - 345 = 0$$

进而，将表达式输入 Lingo 软件，获得计算结果如图 6.2 所示。

```
Solution Report - LINGO2 价值分配模拟纳什谈判模型

Local optimal solution found.
Objective value:                        26.40000
Infeasibilities:                        0.2131628E-13
Extended solver steps:                  5
Total solver iterations:                151


        Variable          Value      Reduced Cost
              V1       111.4000          0.000000
              V2       41.40000          0.000000
              V3       86.40000          0.000000
              V4       71.40000          0.000000
              V5       34.40000          0.000000

            Row   Slack or Surplus        Dual Price
              1       26.40000            1.000000
              2       0.000000            0.2000000
```

图 6.2　住宅产业生态价值链系统价值分配模拟纳什谈判解集

由图 6.2 可得，住宅生态价值链系统价值分配模拟纳什谈判模型解集为（111.40，41.40，86.40，71.40，34.40）。

三、价值分配仿真模拟综合分析

住宅产业生态价值链系统价值分配应用 Shapley 值法、简化的 MCRS 法、最小核心法、纳什谈判模型四种方法模拟的综合数据见表 6.2。

表 6.2　住宅产业生态价值链系统价值分配模拟计算结果对比表

分配方法	局中人 1	局中人 2	局中人 3	局中人 4	局中人 5
Shapley 值法	97.40	53.32	81.90	70.15	42.23
简化的 MCRS 法	93.66	54.67	81.64	71.69	43.34
最小核心法	97.00	56.00	72.00	74.00	46.00
纳什谈判模型	111.40	41.40	86.40	71.40	34.40

从表 6.2 可以看出，Shapley 值法和简化的 MCRS 法得出的模拟结果类似，尤其是对相对弱势的局中人 2 "规划设计院" 和局中人 5 "建筑节能技术中心" 有很大程度的 "照顾"，促使整个价值分配的结果相对比较均衡，因此，这两种方法侧重强调公平，是在公平基础上的效率。但最小核心法和纳什谈判模型就相反，他们比较注重强调效率，是在效率基础上的公平。他们侧重按照局中人对住宅产业生态价值链系统的输入价值（即对系统的贡献值）来进行价值分配。相对来说，纳什谈判模型比最小核心法还要极端，严格的程度更大，如在纳什谈判模型中局中人 5 的分配值为最低。因此，如果采用纳什谈判模型进行分配，那么按照每个局中人的绩效水平可以给予弱势局中人一定的补偿，以弥补其在一次分配上的不足。

此外，从本章可知，Shapley 值法和最小核心法比较注重住宅产业生态价值链联盟的形成前提，需要综合分析分配方案是否符合此住宅产业生态价值链联盟的理性，即在住宅产业生态价值链系统下是否能够得到更大的价值分配。例如，假如一个住宅产业生态价值链联盟成员局中人 1 在没有参加住宅产业生态价值链联盟的时候得到的收益大于参加住宅产业生态价值链联盟时的收益，那么局中人 1 将不会选择参加住宅产业生态价值链联盟，这样住宅产业生态价值链肯定无法形成。而简化的 MCRS 法和纳什谈判模型就仅考虑在住宅产业生态价值链系统联盟下每个局中人是否能得到最大的收益，没有考虑联盟的形成情况。尤其是纳什谈判模型既考虑到了作为个体的联盟成员，又考虑到了作为联盟成员的个体，使其分配结果既能符合局中人个体的理性又能符合联盟的理性。因此，在联盟能够形成，而且具有一定的结构稳定性的时候，纳什谈判模型符合现实中战略同盟的情况，能够在竞争与合作之间找到一个比较合理的结合点。而 Shapley 值法和最小核心法比较适用于需要结构调整的联盟。

第四节　住宅产业生态价值链系统价值分配方案设计

一、价值分配方案构想

基于住宅产业生态价值链系统价值分配的仿真模拟研究，结合 Shapley 值法、简化的 MCRS 法、最小核心法、纳什谈判模型四种分配方法的特征，本小节对住宅产业生态价值链系统价值分配方案进行选择与设计，具体见图 6.3。

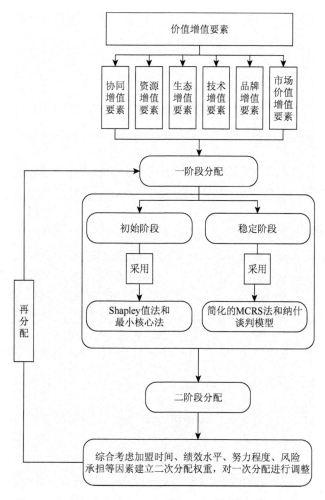

图6.3　住宅产业生态价值链系统价值分配方案设计示意图

第一，从总体上来看，Shapley 值法、简化的 MCRS 法、最小核心法、纳什谈判模型这四种合作对策的解法都能够符合住宅产业生态价值链系统价值分配模型的前提假设及分配原则，从理论上讲，也能被所有联盟成员所接受，对于维持住宅产业生态价值链系统联盟的稳定性都能起到良好的激励作用。

第二，结合住宅产业生态价值链系统的发展阶段与四种合作对策解法的特征，应该将这四种分配方法应用到不同的阶段，或者结合使用，从而保障住宅产业生态价值链系统价值分配的公正与效率。在住宅产业生态价值链系统发展的初期阶段，每个价值成员特别关注在住宅产业生态价值链系统下是否能够得到比原来更大的价值分配，且合作的方式主要为纵向合作联盟，联盟结构也在不断地完善，因此，此阶段的价值分配方法建议使用 Shapley 值法和最小核心法；逐渐地，随着住宅产业生态价值链系统的联盟成员越来越多，成员间的关系越来越复杂，系统内的价值创造活动也越来越细化，横向合作联盟方式也越来越突出，这时建议采用简化的 MCRS 法和纳什谈判模型进行价值分配。

第三，Shapley 值法、简化的 MCRS 法、最小核心法、纳什谈判模型都是对住宅产业生态价值链系统产业价值的一次分配，为了联盟系统的管理以及稳定性，应该在一次分配的基础上构建奖励和惩罚机制。建议在进行产业价值分配之前留存一部分价值作为住宅产业生态价值链系统联盟管理基金，将这部分基金用来进行一次分配后的调整。例如，如果采用 Shapley 值法进行分配，那么就需要在二次分配的时候根据努力水平等因素，进行二次奖励分配；如果采用最小核心法进行分配，那么按照每个价值成员的绩效水平可以给予弱势企业一定的补偿，以弥补其在一次分配上的不足。而相反的，对于努力水平和参与度持续不高的联盟成员应该给予相应的惩罚，以维持联盟的高效率。

第四，价值分配方案应该适当考虑方式的动态调整性。例如，当住宅产业生态价值链系统有新加入的价值成员时，应该考虑其享受了价值联盟之前研究的成果以及与其他价值成员的磨合期等问题；同时，也应该考虑原价值成员的退出机制。这样，可以考虑按照新老价值成员参与价值创造活动时间期限给予权重系数，且对于绩效水平持续不高的成员，应考虑是否让其退出联盟。

二、价值分配方案实施

对于住宅产业生态价值链系统价值分配方案的具体实施可以根据以下几个方面来解释。

（1）主管部门的确立。为了确保住宅产业生态价值链系统价值分配方案的有效实施与长期稳定性，必须明确方案实施与管理的部门。为了保障系统内各方价值主体的利益，建议由住宅产业生态价值链系统内各行业代表人员组成的住宅产业协会来管理并实施住宅产业生态价值链系统价值分配方案，同时由政府部门进行监督。

（2）价值分配周期的确定。价值分配周期可由住宅产业生态价值链系统的价值分配主管部门与各个价值主体商榷而定。一般而言，当住宅产品与服务以销售方式实现市场价值时，价值分配周期为此住宅产品建设至销售的寿命周期；当住宅产品与服务以出租方式实现市场价值时，价值分配周期可以分为此住宅产品的建设期与经营期，在经营期中，以年为单位进行分配。

（3）价值增值的衡量。住宅产业生态价值链系统的价值增值衡量可根据第五章阐述的价值增值要素及其衡量模型来进行测算衡量，具体的衡量周期取决于价值分配的周期。

（4）一阶段、二阶段分配流程的建立。一阶段分配是价值分配的主要方面，它是价值成员加入住宅产业生态价值链系统联盟的基础。但是，为了保障住宅产业生态价值链系统价值分配的效率与公平，一阶段分配的方法选择不可能考虑到所有因素，如绩效因素、风险承担因素、新成员的加入与老成员的退出等这些有重要影响力的因素必须在二阶段分配中给予综合考虑，因此，二阶段分配又是一阶段分配必不可少的补充。完善的一阶段、二阶段分配流程设计是价值分配方案构建的根基。每一期分配都是从上期的第二次分配开始的，如此循环往复。

（5）价值分配方法的选择。根据住宅产业生态价值链系统价值分配仿真模拟的结果与特征可得，在住宅产业生态价值链系统发展的初期阶段建议使用Shapley 值法和最小核心法；随着住宅产业生态价值链系统越来越稳定，且越来越倾向横向合作联盟方式建议采用简化的 MCRS 法和纳什谈判模型进行价值分配。但是，方法的选择也不是一直不变的，选择什么样的分配方法还要根据具体情况来分析。例如，当联盟组织侧重产学研一体化的住宅产业生态价值链系统时，其中柔性管理组织适合采用简化的 MCRS 法进行价值分配，严格管理组织则较适合采用最小核心法进行价值分配。而当联盟特性比较模糊时，如果是兼有横向合作方式和产学研柔性管理组织的特点，则可以考虑综合使用纳什谈判模型和简化的 MCRS 法。

（6）二阶段分配对一阶段分配的调整。二阶段分配是综合考虑价值主体加入住宅产业生态价值链系统联盟的时间、绩效水平、价值创造的努力程度、风险承担等因素建立二阶段分配权重，对一阶段分配进行调整。因此，对价值主体的加盟时间、绩效水平、努力程度和风险承担等因素评估就显得十分重要。为了保证客观性和公正性，可以聘请外部评价机构等进行二阶段分配的具体实施。建议在进行产业价值分配之前留存一部分价值作为住宅产业生态价值链系统联盟管理基金，将这部分基金用来进行一次分配后的调整。

第七章 万科集团的生态价值链系统及其价值增值分析

第一节 万科集团的生态价值链系统剖析

一、万科集团背景

万科企业股份有限公司成立于 1984 年，1988 年涉入房地产行业，1991 年成为深圳证券交易所第二家上市公司，1992 年开始放弃多元化经营战略，选择走专业化道路，确立了以住宅开发为主导业务的专业化战略。经过 20 多年的发展，成为国内最大的住宅开发企业，目前业务覆盖珠三角、长三角、环渤海三大城市经济圈以及中西部地区，共计 53 个大中城市。近 3 年来，年均住宅销售规模在 6 万套以上，2011 年公司实现销售面积 1075 万平方米，销售金额 1215 亿元，2012 年销售额超过 1400 亿元。销售规模持续居全球同行业首位。公司在发展过程中先后入选《福布斯》"全球 200 家最佳中小企业""亚洲最佳小企业 200 强""亚洲最优 50 大上市公司"排行榜；多次获得《投资者关系》等国际权威媒体评出的最佳公司治理、最佳投资者关系等奖项。

万科致力于通过专业的住宅开发管理能力、稳健的合作发展模式，成为最受客户、投资者、员工、合作伙伴欢迎，最受社会尊重的企业。经过多年努力，万科逐渐确立了在住宅行业的竞争优势：万科成为行业第一个中国驰名商标，旗下"四季花城""城市花园""金色家园"等品牌得到各地消费者的接受和喜爱；公司研发的"情景花园洋房"是中国住宅行业第一个专利产品和第一项发明专利；公司物业服务通过全国首批 ISO9002 质量体系认证；公司创立的万客会是住宅行业的第一个客户关系组织；同时也是国内第一家聘请第三方机构，每年进行全方位客户满意度调查的房地产企业。

同时，万科致力于引领住宅产业生态化发展，积极推进行业节能减排、绿色建筑及可持续发展。2007 年，万科建筑研究中心被建设部批准为国家住宅产业化基地。2009 年，万科北京假日风景项目 B3 号楼和 B4 号楼被授予"北京市住宅产业化试点工程"称号。东莞市万科建筑技术研究有限公司获得由广东省科学技术厅、广东省财政厅、广东省国家税务局、广东省地方税务局联合颁发的高新技术企业证书，是行业内第一家被认定的高新技术企业。2011年，公司共成功申报绿色三星项目273.7万平方米，占全国总量的50.7%。

二、万科集团的生态价值链系统结构

万科集团是我国当前典型的走专业化、社会化、工业化道路的住宅开发企业。万科在"让建筑赞美生命"的核心理念及产品核心价值观的指导下，坚持"追求卓越：持续领跑，敢为天下先；客户导向：懂得客户生活；报效股东：创造优异回报；与员工和伙伴共同成长：尊重员工与伙伴；效率优先：珍惜资源，快速周转，向能力要效益；可持续发展：稳健经营，与社会、自然和谐相处"的经营原则，从而在尊重客户、尊重股东、尊重伙伴、尊重资源与环境下不断追求自身企业的卓越化、生态化、可持续发展。而正是在这样的核心价值观和经营原则的指导下，逐渐形成了万科集团的生态价值链系统，具体见图7.1。

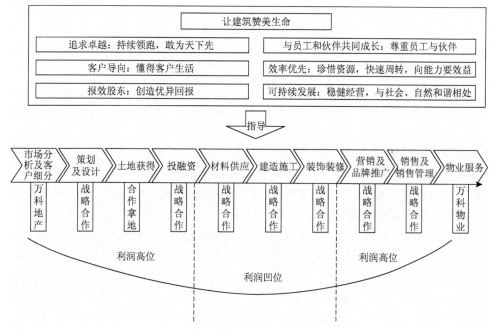

图7.1　万科集团住宅产业生态价值链示意图

从住宅产业生态价值链系统的价值主体结构来看，目前，万科集团主要拥有万科地产与万科物业这两个处于价值链前后端的公司，以获得产业链利润的高位。万科地产主要负责获取土地、市场细分、产品定位、投资分析等业务，万科物业负责项目建成后的物业服务，从而把握着利润的高位。其他价值创造环节，万科基本上实现专业化外包策略，并积极与合作单位建立战略合作关系，甚至在获取土地环节也乐于与当地企业合作拿地，2013 年公司新增加项目 104 个，按万科权益计算的占地面积约 757 万平方米，其中约 66% 的项目为合作、联合方式获取，进而通过资源共享、管理输出、互动管理的合作方式实现共赢。截止到 2010 年，万科核心合作伙伴达到 543 家，这些单位包括建筑施工单位、材料供应单位、咨询单位以及装饰装修单位等，如中国建筑二、三、四、五、八局、上海建工集团股份有限公司、中铁建设集团有限公司、中天建设集团有限公司、日立电梯（中国）有限公司、通力电梯、博西家用电器集团、三菱重工业（中国）有限公司、阿克苏诺贝尔油漆（中国）有限公司、海福乐五金（中国）有限公司、圣象集团有限公司、德国 STO 集团、科勒（中国）有限公司、上海平大建筑工程管理咨询有限公司、世联地产顾问股份有限公司等众多合作企业。在 2011 年万科集团合作伙伴大会上，万科集团总裁郁亮表示，非常珍惜与万科理想、追求一致或贴近的伙伴关系，并且谋求在合作中同步发展、共同进步，最终以提升各自的竞争能力作为双赢的标志。"共同成长"是万科六大经营原则之一，在未来万科将进一步加大合作力度、深化合作模式，共同承担应尽的责任，共同打造国内住宅行业最高质量标准。万科集团和这些单位，依照生态原则相互合作、相互学习，从而实现产业价值的创造与传递。

在住宅产业生态化方面，万科相信，绿色环保和产业化是未来的发展方向，并致力于引领行业节能减排，持续推进绿色建筑及住宅产业化；同时万科通过产业链的整合，带动更多的合作伙伴，以整个产业链的力量来探索先进高效的施工技术和落实绿色低碳理念，从而推动住宅产业的节能减排和绿色环保。万科 2003 年全面展开住宅的标准化，并于 2004 年在标准化基础上启动了住宅工业化。通过建立"建筑虚拟模拟技术实验室"和"预制混凝土（PC）构件生产实验室"从预制混凝土的工业化、预制混凝土工法的开发、内装的工业化三条道路来实现其中长期工业化住宅计划。2007 年建立的万科东莞建研基地成为了国家首批住宅产业化基地。2010 年 3 月，住房和城乡建设部科技发展促进中心与万科集团在北京举行战略合作框架协议签约仪式，旨在建立长期的战略合作伙伴关系，共同在建筑节能、绿色建筑、低碳建筑、住宅工业化等领域开展相关研究工作。2010 年万科新开工的工业化住宅超过 100 万平方米，2010 年新开工项目装修房子比例达到 93%，2011 年计划新开工超过 200 万平方米。2010 年万科落实的绿色三星住宅占全国总量的 54%。万科创新发明住宅装修的"四化"管理模式，具体指土地深度的标准化、材料加工工厂化、现场管理的可视化、施工现场的整洁化，从而推行住宅全装修率。

第二节　万科集团的生态价值链联盟合作关系剖析

一、战略合作关系梳理

2001 年，万科率先开启价值链内价值主体战略合作的方式，并专门成立"万科联合发展中心"，通过战略合作伙伴关系"强强联合、合作共赢"，实现与战略伙伴共同成长的目标。经过十余年共同努力，以万科为关键主体的价值链结构在行业内已形成明显的竞争力。2010 年，万科的采购规模接近400 亿元，在 46 个城市 200 个项目当中与万科紧密合作的伙伴超过 50 万人，其中，战略合作与集中采购的比例增长了 48%；2011 年，万科开展"总对总"的大总包的合作模式；2013 年，万科的采购规模超过 1000 亿元，并进一步加大集中采购和战略合作的比例，发挥采购规模效益。据 2013 年万科年报显示，其前 5 名材料设备供应商的采购额合计 29.1 亿元，比 2012 年增加 9.12%，占全年采购总额的 2.86%。

2011 年万科召开的"万科集团合作伙伴大会"介绍，截止到 2010 年万科战略合作伙伴达到 543 家，包括施工总承包、专项工程承包管理咨询、设备材料供应、工程设计等企业，这些企业均为各自领域的领导企业，都掌握行业优势资源，具备质量、技术方面竞争力以及持续的创新能力，根据万科发布的有关资料整理得到的合作单位见表 7.1。

表 7.1　万科集团战略合作伙伴整理表

建筑规划设计方面	澳大利亚伍兹贝格建筑设计	景观（装饰）设计方面	香港贝尔高林景观设计
	澳洲 WOODSBAGOT 设计		香港泛亚道园林有限公司
	美国 Gensler Group 设计		香港 BCS 设计
	美国 JWDA 建筑设计		上海五·贝设计集团
	国 GBBN 建筑事务所		中南建筑设计院
	美国 WATG 公司		台湾老圃工程造园有限公司
	美国 Three Architecture		成都绿茵景园工程有限公司
	美国 EEK 建筑事务所		上海易亚源景观设计咨询有限公司
	日本（株）山设计工房		深圳市北林苑景观规划设计有限公司
	加拿大 ADS 建筑设计公司		北京捷思装饰设计有限公司
	奥地利 KFC 建筑设计公司		
	瑞典 SWECO		

续表

建筑规划设计方面	香港何显毅建筑师楼	景观（装饰）设计方面	
	何弢规划设计		
	上海日源建筑设计事务所		
	中科建筑设计研究院有限责任公司		
	中建国际（深圳）设计顾问有限公司		
	深圳大学建筑设计事务所		
	邓振威建筑设计事务所		
	香港嘉柏建筑事务所		
	广州翰华设计		
	中国建筑东北设计研究院		
	四川省建筑设计院		
	武汉市建设设计院		
工程施工及装饰装修方面	中国建筑第二工程局有限公司	设备材料供应方面	德国 STO 集团
	中国建筑第三工程局有限公司		四国化研（上海）有限公司
	中国建筑第四工程局有限公司		赫普（中国）有限公司
	中国建筑第五工程局有限公司		阿克苏诺贝尔油漆（中国）有限公司
	中国建筑第八工程局有限公司		日立电梯（中国）有限公司
	上海建工集团股份有限公司		通力电梯（中国）有限公司
	中铁建设集团有限公司		上海良信电器股份有限公司
	中天建设集团有限公司		博西家用电器（中国）有限公司
	赤峰宏基建筑（集团）有限公司		三菱重工业（中国）有限公司
	上海市第二建筑有限公司		海福乐五金（中国）有限公司
	上海市第七建筑有限公司		圣象集团有限公司
	昆山日门建筑装饰有限公司		科勒（中国）有限公司
	上海家树建筑工程有限公司		施耐德电气中国公司
	沈阳农垦建筑集团公司		宁波方太厨具有限公司
	广州市恒域建筑工程有限公司		海尔集团
	深圳市中天装饰工程有限公司		
咨询及营销方面	上海平大建筑工程咨询有限公司		
	世联地产顾问股份有限公司		
	易居（中国）控股有限公司		
	DTZ 戴德梁行		

二、价值链联盟深化策略

万科坚持不断地变革，以更开放的、相互尊重的心态赢得更多的战略合作伙伴，谋求在合作中同步发展，共同进步，从而提升各自的竞争力和双方的盈利能力，共同实现规模经济。怎样建立更紧密的合作关系？这是万科联合发展中心一直努力解决的问题，也是一直努力的方向，万科致力于实践总对总的战略合作模式、引入更多的合作激励机制、优化价值分配制度等方式，创造一个透明、及时、准确，为合作伙伴树立信心的合作环境。

1. 实践总对总的战略合作模式

2010年3月，万科集团总部与中国建筑第四工程局有限公司建立总对总的战略合作关系，标志着万科总对总的战略合作模式的开始。总对总战略合作模式，即万科总部牵头与各家战略总包和战略供应商之间高层的互动合作机制。这种合作模式需要双方的总部和分公司共同努力创建，从而实现多项目打包合作，具体的流程是：第一，万科的分公司将自己的意向诉求汇总至总部；第二，由万科的总部与合作伙伴的总部进行沟通和交流，进而由合作伙伴总部指派一个合适的项目公司承接万科的意向合作项目；第三，合作伙伴的分公司对这些项目进行考察；第四，签订战略合作协议。在战略合作协议里面不仅是协议条款，还包括一个项目合作清单。战略合作协议主要包括四部分的内容：第一部分是工程管理的标准以及技术标准，这是统一产品质量的要素；第二部分是标准合同，万科和战略总包签署战略合作协议时意味着万科和所有分公司之间的合同也是标准合同，不需要为合同占据更多的争吵空间；第三部分是在战略合作协议里面明确标准的计价清单，总对总战略合作协议对价格达成一致之后，对于分公司项目在具体实施过程中唯一需要做的是对特殊项目费用的管理，而不是一个讨价还价投标的过程；第四部分是维修保修服务。项目合作清单是指在合作伙伴的总部公司和分公司共同完成前期工作，制定具体的后续工作，使后期的操作更加简化，提高后期的管理流程。

这种总对总的战略合作模式具有非常重要的意义：一是真正意义上实现了总对总的全面合作，通过制定统一的管理要求、标准化的合同条款、标准的计价模式来促使战略合作伙伴双方的总部和分公司可以直接对接业务开展合作，促使双方的合作从过去项目层面的合作提升到总部项目立体化的合作；二是打开过去没有打开的合作"黑匣子"，战略合作伙伴双方总对总的合作方式通过不同城市、不同标准的计价清单，实现合作双方在不同城市、不同区域的合作，同时实现项目执行的一致性与标准性；三是通过业务规划的前置和总包进行项目打包，有利于增强合作伙伴信息的交流与沟通，提高合作效率；四是将保修服务纳入合作的范围，将项目保修费比例降低，从而在提高项目质量的同时，也降低合作伙伴的资金压力。

2. 引入更多的合作激励机制

首先，对于总包单位来讲，万科致力于建立更广泛的激励机制。第一，开放思想，不断推行大总包的合作模式，相信总包单位有能力也有实力来实行分包工程，从而将分包业务纳入总包的范围；第二，进一步扩大标准面积，以项目为单位与总包单位合作，从而摒弃过去以标段为单位的合作方式；第三，加大战略总包的合作方式，在双方总对总签署战略合作协议的前提下，将项目进行打包合作，打包内的项目并不需要招标，从而为合作伙伴树立连续合作的信心；第四，进一步加大质量奖励力度，万科在要求合作伙伴获得项目相关的质量体系的同时，也不断加大质量奖项的奖励。其次，对于材料设备供应商，万科正在致力于联合发展中心，建立完善的采购计划信息系统，构建"合同→订单→出货"三位一体的信息系统与沟通模式，从而提升采购计划的及时性和准确性。再次，对于装修合作单位，万科在深化前期合作的基础上，实施业务规范，提前制定合作供应商规划，保障业务可视化。例如，2010 年万科 46 个城市和所有三类供应商完成了合作供应商规划，从而有序保障万科与合作伙伴之间的业务往来。最后，万科承诺在每年的"万科集团合作伙伴大会"中获奖的单位有一次免投标的机会，以此提高合作伙伴的产品质量、工程安全、客户服务并促进其技术创新。

3. 优化价值分配制度

第一，万科打开合作的"黑匣子"，由背对背的合作方式升级为面对面的合作方式，合作双方共同商量定价标准。例如，万科在与中国建筑第四工程局有限公司合作过程中，编制了一套双方合作的预算定额以及符合市场变化的调价机制。第二，面对困扰很久的图纸问题，万科试图通过标准化来实现项目图纸（全套施工图）的完整化，从而减少设计上的变更。

第三节　万科集团的生态价值链价值增值剖析

一、协同价值增值

多年来，万科秉持合作共赢的理念，以"绿色环保"作为合作主题，把"分工合作、价值创造、持续共赢"作为价值主体的合作方针，在与材料供应、设计、施工、监理、咨询等产业链上下游单位的合作中共同创造与实现价值，在提高自身与合作伙伴竞争力的同时，改善业主居住质量并有效推动住宅产业升级。

1. 管理协同价值

万科利用与战略合作伙伴的专业化分工与合作，集结自身统筹规划和行业领先的优势、设计单位的设计优势、材料供应商的材料资源、施工单位的施工能力、中介服务机构的市场把握能力等，有效配置产业资源，促使人力资源及企业的管理能力更高效地运转。例如，截至 2013 年，万科地产除了高级管理人员及管理类员工，配置房地产开发专业人员结构如下：市场营销和销售人员 982 人，占 14.1%，较 2012 年下降 2.7%；专业技术人员 4151 人，占 59.3%，较 2012 年增长 17.0%（其中工程人员 2441 人，占 35.0%；设计人员 836 人，占 12.0%；成本管理人员 356 人，占 5.1%；项目发展人员 518 人，占 7.2%）。而 2013 年公司新增加项目 104 个，新增住宅建筑面积约 4495 万平方米，如果这些新增面积的整个住宅开发与经营过程都由万科自身配备的人员来完成，简直是天方夜谭，而在万科的战略合作经营方式下，在整个住宅产业生态价值链系统中，万科和合作伙伴的管理资源相互交融，共同来完成这个产业链活动，从而促使整个价值链系统的管理效率大大提升。从而，在 2013CCTV 中国上市公司峰会上，万科荣获"央视财经 50 指数·十佳治理公司"称号，并入选"2013 年度央视财经 50 治理领先指数样本公司"、《财富》2013 年"最受赞赏的中国公司全明星榜"，并在行业明星榜"房地产开发"类中位列第 1 荣获"福布斯 2013 亚太地区最佳上市公司"称号。

通过深层次的战略合作，也引领着万科和战略伙伴的经营理念及企业文化认同趋于一致性，从而实现文化协同价值。一直以来，万科坚持与其理念相同的合作单位成为战略合作伙伴。第一，万科和战略伙伴坚持高质量的产品；第二，为客户提供完善的服务；第三，通过节能、节地、节材、节水环节减少污染，推动发展绿色建筑与住宅产业化；第四，希望通过合作提升各自的竞争力，实现规模效应。因此，通过积极的文化协同，万科及其战略伙伴构建的整个住宅产业生态价值链系统的整体素质和效率得到了极大的提升。2013 年，万科集团成立了管理学院，尝试突破行业限制，推进企业间的跨界学习。同时，公司也将员工健康作为评估管理成效的一个重要指标，以健康运动为主题，鼓励员工参与运动，在增强团队凝聚力的同时，也向外界传递出万科积极向上、阳光、快乐的企业文化。根据全球著名人力资源管理咨询公司怡安翰威特发布的 2013 年最佳雇主研究结果，万科获得 2013 年最佳雇主，在雇主品牌、人才选拔、人才培养上的努力再次获得了社会认可。

2. 经营协同价值

通过价值主体的战略合作，2013 年，万科在 4 个区域近 50 个城市进行住宅开发,实现销售面积 1489.9 万平方米,销售金额 1709.4 亿元,同比分别增长 15.0% 和 21.0%,年度销售金额再度刷新行业记录。2013 年,万科实现开工面积 2131 万平方米,竣工面积 1303 万平方米,较 2012 年分别增长 48.7%和 33.1%,分别 完成年初计划的 128.9%和 101.0%。其中,下半年的开、竣工面积分别占全年的 56.9%和 66.9%,并基本实现全装修。2013 年,万科不断扩大采购范围,深化与 合作伙伴的关系,进一步加大集中采购和战略合作的比例,发挥采购规模效益。 据统计,前 5 名材料设备供应商的采购额合计 29.1 亿元,比 2012 年增加 9.12%, 占全年采购总额的 2.86%,比 2012 年减少 0.75 个百分点。

同时,多家合作伙伴取得了很好的业绩,上海建工集团股份有限公司紧跟着 万科的步伐,综合营业额超过 1000 亿元;与日立电梯、阿克苏诺贝尔、TOTO、 科勒、西门子、方太、圣象、海尔等 11 家合作伙伴销售增长超过 30%,市场份额 位于行业前三名。

3. 财务协同价值

万科作为我国最早进入资本市场的房地产开发企业,不仅能够充分并综合利 用各类融资工具来扩大资金来源,还在传统融资方式的基础上积极创新合作模式 来降低资金成本,实现财务协同价值。2013 年 3 月,万科完成首次境外美元债券 发行,此次美元债为 8 亿美元的 5 年期债券,年票息率仅 2.625%。同年,在中期 票据计划范围内,公司境外子公司先后发行新加坡币 1.4 亿元 4 年期债券、人民 币 10 亿元 5 年期债券、人民币 10 亿元 3 年期债券,票面年利率分别为 3.275%、 4.5%和 4.05%。同时,通过与万科的合作,在强强联合的基础上,住宅产业生态 价值链上的其他价值主体也能获得较好的资金来源,减少资金压力,并提升自身 的抗风险能力。例如,在万科与中国建筑第四工程局有限公司的总对总合作中, 将保修的比例从常规的 5%降到 2%,从而降低了施工方的资金压力。

此外,在万科及其战略伙伴构建的住宅产业生态价值链系统中,上市公司的 强强联合,建立长期的战略联盟伙伴关系,也会影响价值主体的市值,提升价值 主体股票的市盈率。

二、资源价值增值

自 1999 年万科建筑研究中心成立以来,万科在住宅产业化的道路上已经前行多 年,万科积极利用产业价值链带动战略合作伙伴一同践行住宅产业化,从而实现住 宅产业资源的最佳配置,实现资源协同价值。根据万科的测算,通过住宅产业生态 价值链的联合实践,建筑垃圾减少 83%,材料损耗减少 60%,可回收材料 66%,建 筑节能达到 50%以上,在增加住宅使用寿命的基础上也大大减少了住宅的使用成本。

例如，上海万科新里程 20 号和 21 号楼在正常使用过程中，全年可节电 63.8 万千瓦时，折合标准煤 233.5 吨/年，减少二氧化碳排放 684 吨/年，节约率超过 60%。深圳万科城四期项目年节电 163 万千瓦时，折合标准煤约 200 吨/年，减少二氧化碳 532 吨/年，减少二氧化硫 1.22 吨/年；每年节约用水 18 万吨，其中利用非传统水源 12.3 万吨，使用节水器具节约生活用水 5.7 万吨，中水回用率达到 38%；同时每年可以减少 13 万吨的污水排放量，减少排放污染物化学需氧量约 26 吨、悬浮物约 19.5 吨。

三、生态价值增值

万科通常在诸多的住宅项目中通过节约土地资源的规划设计、增加绿化率改善室外环境以及最大限度地利用原生态自然资源来实现生态价值的增值。例如，深圳万科城四期就通过规划和增加绿化覆盖来实现节约用地的目标，首先根据户型面积的不同层层退台，给每户提供私家花园和绿化平台，并结合地势特点，设置私家停车库和半地下储藏室。较大比例的绿化率可以满足住户室外日平均热岛强度不高于 1.5 摄氏度的要求，同时通过绿化为道路提供遮阴、人行路面采用渗水路面、室外停车场地采用植草砖、规划人工湖等措施进一步减少热岛强度的影响。

四、技术价值增值

万科及其战略合作伙伴构建的住宅产业生态价值链系统通过引入先进的设计理念、生态技术、循环技术等知识产权，不断借助技术创新引领产业价值的创造。万科从文明施工、部品保护到现在的实测实量、四化管理，一步步实现了住宅产业管理的技术与制度的创新。实测实量是指万科所有项目根据国家标准及客户对万科工程质量的认知，对结构、粉饰、涂饰产品数据处理所建立的质量评价体系，要求总包和监理单位对所有的工作面进行百分之百的实测实量，并建立分库质量档案。四化管理，具体是指土地深度的标准化、材料加工的工厂化、现场管理的可视化、施工现场的整洁化。关于材料设备，万科将材料设备与节能环保相结合，建立了与安全节能环保相一致的最高质量标准要求，尤其是室内空气环境，万科在 2008 年建立了地板的标准约定，比国家标准要严格 3 倍。同时，万科在 2008 年就已经引进了 36 升的节水产品以实现节水目标，并努力实现节能环保。例如，万科要求所有的施工管材部分使用 100%乙烯法，避免污染环境。

与此同时，万科通过对战略合作伙伴的合作要求、实地考察、技术交流、行业培训等方式引领合作伙伴的技术创新，尤其在节能技术、生态技术方面。在与万科的合作过程中，中国建筑第四工程局有限公司的科研院在 2007 年设立了省一级的节能工程技术研究中心，建立起节能设立室，配备了相关的耐候性检测仪，墙体传热技术的测定仪，并将自己研发具有良好的高温耐久性和节能环保的经济型的无胶粒粉保温材料、新兴的玻璃以及防水材料、雨水收集技术等应用至万科的项目中。上海建工集团股份有限公司在项目建设中，先后运用开发了太阳能、LED 照明、冰蓄能、地缘热泵和雨水收集的系统，并参加绿色建筑委员会和绿色分级系统等课题的研究和控制，在万科等项目中率先推进施工现场标准化、绿色施工工地的建设，推进水循环使用，通过推广和反复使用的工地安全护栏、地沟盖板、灯架，实施节能、节油、节材、绿色施工。

五、品牌价值增值

通过住宅产业生态价值链系统的构建，万科及其战略合作伙伴的品牌价值也得到了不断提升。万科以"以您的生活为本"为品牌核心战略，推出"建筑无限生活，提升顾客价值"等一系列的品牌口号。一方面通过广告公司，进行顾客问卷调查与营销经验的积累，另一方面通过万客会和良好的物业服务，实现万科客户的忠诚度。万科委托第三方盖洛普评估公司进行调查评估，2010 年万科的总体满意度达到 84%，总体忠诚度达到 71%，而且近几年呈逐年上升趋势。与此同时，万科在与其他知名价值主体的战略合作中，带动了整个合作联盟的品牌价值和竞争优势。

六、市场价值增值

从住宅产业来说，在住宅产业生态价值链系统的引领下，万科主打生态环境与生态技术的项目（区域），较周边其他项目能够取得较大幅度的溢价，其平均溢价率约在 1.3 的水平。

第四节　万科集团的产业生态化发展

一、住宅产业化引领产业生态发展

万科一直坚信，绿色环保和产业化是未来的发展方向，万科也以住宅产业化来引领产业的生态化发展。1999 年，万科建筑研究中心成立；2001 年，万科部品战略采购平台建立；2003 年，万科标准化项目启动；2004 年万科工厂化中心成立，万科 PC 技术研究开展；2006 年，万科产业化研究基地项目立项、上海新里程项目启动；2007 年，万科获得首批国家住宅产业化研究基地称号；2008 年，青年之家住宅产品研发完成；2009 年，北京万科的首个住宅产业化项目万科中心·假日风景 B3 和 B4 号楼竣工交付，万科在北京的住宅产业化进程开始；2010 年，万科首个尝试生态城建设的天津东丽湖·万科城项目中，HIS 住宅技术被广泛应用。2010 年，万科与住房和城乡建设部科技发展促进中心建立长期的战略合作伙伴关系，共同在建筑节能、绿色建筑、低碳建筑、住宅工业化等领域开展相关研究工作。2011 年实现工业化开工面积达 272 万平方米，占全国总量的 50.7%，北京、上海、深圳等城市新开工产品 100%实现工业化。2012 年，万科与全球最大的独立性非政府环境保护组织之一的世界自然基金会（World Wide Fund for Nature or World Wildlife Fund，WWF）签署谅解备忘录，就未来 5 年的环境保护和绿色可持续发展等方面达成合作意向，成为首个和世界自然基金会签约的中国企业，这将使公司在碳减排、生态保护和森林保护方面获得更多的专业技术支持，为公司推广绿色战略、强化持久竞争力提供助力。2013 年公司新开工的主流产品中，预制混凝土外墙、装配式内墙、内外墙免抹灰三项的工业化应用的比例分别达到 8.3%、38.8%和 29.1%。2014 年万科计划实现主流产品预制混凝土外墙利用率达到 20%，装配式内墙占比达到 60%，内外墙免抹灰占比达到 50%。2013 年，万科绿色三星住宅规模继续位居全国首位，新增 16 个绿色三星项目，共计 172.7 万平方米，其中住宅面积 141.4 万平方米，占全国新增绿色三星住宅面积的 34%。为加大绿色建筑的推广和应用，近年来万科从三星项目的技术和标准出发，结合各地气候和生活习俗，因地制宜，研发适用于主流家庭生活需求、技术难度更低、推广性更强的节能型住宅。

此外，在住宅产业化工作中，万科一直致力于研究模块化设计和标准化创新。万科将住宅产品的构成分成五个维度，包括平面的户型、建筑外立面、室内装修、环境和技术性能，从而形成标准模块库，具体项目在标准化设计时根据区位、市场、客户进行个性化的选择和创新，从而满足市场多样化的需求。例如，户型主要取决于产品定位和区域；七款不同风格的建筑立面具有不同的材料体系，同时配备标准化的部品，包括栏杆、雨棚等；在精装修的体系里面形成 17 款标准产品、34 款标准配色以及标准的厨卫模块。

二、整合价值链实践产业生态发展

住宅产业价值链系统的构建与发展都凸显出形成以房地产开发企业为中心的住宅产业价值链整合模式的要求。万科利用"万科住宅产业化示范基地"这一企业联盟型平台，围绕低碳建筑产品率先整合住宅产业价值链，形成价值链内的合理分工：在前端，推动"低碳化容积率"研究，提升土地资源利用效率；在中端，加强新系统、新部品、新方法的开发，提升住宅建设的科技含量；在后端，强化服务管理，提升"绿色附加值"。2010年，万科要求施工总承包战略合作伙伴必须通过 ISO9000 质量管理体系、ISO14000 环境管理体系、OHSAS18000 职业健康安全管理体系认证。

1. 想方设法提高土地使用率

万科为了实现节约用地、提高土地的使用效率，在诸多的住宅项目中通过节约土地资源的规划设计、增加绿化率改善室外环境以及最大限度利用原生态自然资源。例如，深圳万科城四期就通过规划和增加绿化覆盖来实现节约用地的目标，项目根据户型面积层层退台，给住户提供私家花园和绿化平台，并结合地势，设置私家停车库和半地下储藏室。针对高层建筑，在地下一层设置地下停车库。

2. 从设计到施工都要遵循生态理念

在规划设计和施工过程中，万科形成了设计和施工一体的管理理念，从设计观念到工程实施整个过程都遵循低碳理念。例如，在规划设计中，万科要求城市规划师、建筑设计师及结构师、装修设计师在满足客户需求下形成低碳、绿色思路的整合，尽量考虑到各个环节：一方面，科学的社区规划、住宅建筑设计及室内装修设计，多考虑用自然要素来实现低碳、绿色、生态；另一方面，设计中强调建筑立面设计技术、自然采光、通风技术、太阳能供电系统、分区空调系统、智能照明系统、分区热水采暖和制冷系统、中水回收系统等设计与自然环境、生态环境相协调。

3. 生态经济与生态节能技术材料的整合

万科在整合价值链过程中，要求各个环节的供应商都要实施生态节能技术来实现住宅产业的生态价值。例如，与万科合作十余年的中国建筑第四工程局有限公司不断创新，通过科技创新与万科在超高层施工领域展开更多的合作，在广州的西塔项目中，中国建筑第四工程局有限公司创造了五个世界第一：一是在超高层中使用的钢管混凝土矩形网格的结构，具有很强的刚度、抗风能力和抗压能力；二是西塔的全影框单元式85000大型的影框；三是在西塔共同自主研发的钉螺系统；四是自施工开始就建立起的系统结构健康检测；五是自密实混凝土的研发。上海建工集团先后编制了工地大门围墙、办公区、生活区等设备系统版本和安全文明施工的工具化、定型化、标准化的图集，从施工组织设计方案入手，通过技术与设备、技术与施工、技术与材料应用相结合，在万科等项目中率先推进施工现场标准化绿色施工工地的建设，将用过的水循环使用，通过推广和反复使用的工地安全护栏、地沟盖板灯架等实施节能、节油、节材、绿色施工。

4. 生态经济与住宅全装修行业的整合

全装修是由专业的装修工程承包商提供的规模化、集中化、装配化的装修施工方式，完成套内所有功能空间的固定面和管线全部铺设或者粉刷完成，住宅的水、电、厨房、卫生间等基本硬件配套设施完备。全装修的生态节能是推广住宅产业生态化重要的一环，其创新表现在装修材料和设备的制造、使用及施工等过程中，最大限度地减少石化能源的使用，降低二氧化碳排放量。推广全装修行业，有助于带动住宅产业内节能、节水、环保、低碳产品的应用，提高住宅产业生态价值链上的装饰装修行业水平。

2004 年，万科率先提出了全面实施精装修的设想，并于 2008 年正式启动了标准化装修房项目，2010 年，万科项目装修房子比例达到 93%，至 2013 年，基本实现全装修。同时，万科创新发明并全面实施全装修住宅"四化管理"，促使万科的施工现场已经看不到在装修部位加工材料的现象，质量得到了有效的保障。万科在全装修方面基本上定型五个系列精装修的标准，其中包括 17 款标准产品、34 款标准配色、标准的厨卫模块以及一些节点控制要求。当前，万科正积极与国家及一些地方设计院编制出台万科装修房工艺、工法的标准图集、万科集团防渗透防开裂的标准图集。近年来，越来越多的客户开始体会到装修房在降低装修成本、避免二次污染、节约能耗等方面的优势，这一产品也日益为大众所接受。通过对标准化装修房产品体系的研发，以及全国范围内的统一招标，万科有望更好地发挥集团的规模效益，促进供应链优秀资源的整合，在装修产品中获得更强的竞争优势。

5. 以最大满足住宅消费者的市场需求为根本提供绿色服务

万科认为，客户是最稀缺的资源，是万科存在的全部理由。万科物业不仅为业主提供全方位的物业管理和专业化的服务，还不断提升服务的质量，推出共管式管理、酒店式服务、无人化服务、个性化服务和同心圆服务等满足业主对高品质生活的需求。此外，万科认为，物业管理的核心意义不仅限于提供环境保洁、安全秩序管理及公共设施维护服务，它的核心价值还在于为业主营造一个和谐宜居的生活环境，即高质量的生活空间、良好的人际关系、温情的社区氛围。

万科创建的"万客会"是住宅行业的第一个客户关系组织，促使万科与消费者之间有着长期稳定的关联。万客会是万科设立的用于研究市场、分析市场与服务市场的组织，它能够收集消费者信息、分析和细分市场，为万科的投资决策、规划设计做好准备，同时也可为将来更好的营销及服务打好基础。探究万客会的本质可以发现，万客会实际上就是地产营销服务方式的创新，基于万客会这一平台，使得万科能够与位于全国甚至全世界的消费者直接对接，这有利于万科对消费者进行系统研究，以消费者为中心改进万科整体的服务质量，直接促进顾客满意度和忠诚度的提高，不断挖掘、争取新的消费者和新的商机。

万科也是我国住宅行业第一家聘请第三方机构，每年进行全方位客户满意度调查的企业。自2001年起，万科每年委托第三方顾问公司盖洛普对顾客满意度进行调查，致力于不断提升产品品质与服务品质，且在住宅产品与后续服务过程中将不断创造价值。

第八章　住宅产业生态价值链系统发展的制度保障

第一节　政策支撑措施先行

产业制度的有效实施必须得到政府政策有关措施的支撑，才得以顺利开展，制定并实施政策支撑措施是政府有关部门的责任和义务，同时也是政府作为监管者参与住宅产业的方式，更是促进住宅产业生态价值链系统价值创造与分配机制不断发展的政策保障支撑。

第一，按照住宅产业生态价值链系统的总体要求，为提高住宅产品与服务的生态含量，进一步实现资源的永恒利用、生态的保护及其经济的稳健发展，解决资源环境对住宅产业发展的约束等难题与矛盾，必须深入推进建筑节能，加快发展绿色建筑，完善节能生态建筑法规及政策体系，合理制定开发建设节能环保型住宅的财税激励政策；鼓励政产学研相结合，促进建筑节能技术的开发与推广；推广应用高效保温复合材料；进一步扩大以太阳能光热利用为重点的"阳光都市、阳光城镇、阳光社区"节能工程建设。

第二，应该不断完善住宅产业生态化扶持政策，加快标准化住宅体系、工业化建筑体系和通用部件配套体系的建设与推广，努力推进住宅产品生产的连续性和高效率；积极推行住宅性能认定和住宅部件认证制度，促进住宅建设管理的规范化和产品生产的精细化；促进住宅产业化技术的集成创新和研究开发的一体化，培育和扶持一批住宅产业化基地；加强住宅全装修产业链建设，鼓励和推广新建商品住宅全装修，实现新建保障性住房和城市中心区新建商品住宅全装修交房；鼓励在环境保护标准高的地区建设木结构和钢结构住宅，提高住房建设装配化程度。

第三，住宅产业生态价值链系统的建立与发展需要财政及税收政策的支持；政府需因地制宜，合理制定对开发建设节能环保型住宅的财政支持政策；进一步完善行政和经济激励措施，研究并制定土地利用、节能专项资金、公积金贷款及税收等优惠政策，鼓励新建住房实施建筑节能和产业现代化。

第四，建议由政府出面，建立住宅产业生态价值链系统价值创造与分配的信用管理机制。信用机制是制约住宅产业生态价值链系统价值创造与分配的瓶颈之一，解决房地产业价值链系统内部价值创造与分配之间的信用问题是系统实施的基础。建议目前处于多方分割状态的信用管理纳入全国统一的信用管理渠道，从而真正实现住宅产业生态价值链系统联盟价值创造与分配，保障住宅产业的产业价值合理分配与生态化发展。

第二节　行业准则和规范监督

只有完整的行业准则和规范才能督促整个住宅产业生态价值链系统联盟的各方价值主体在一个公平的平台上进行对话合作，进而保障住宅产业生态价值链系统价值分配方案的公平有效实施。因此，制定完整的行为准则和规范不仅有利于住宅产业生态价值链系统的价值创造与分配问题，还有利于住宅产业生态价值链系统联盟更有效率地实现目标。

一方面，必须明确住宅产业生态价值链系统联盟内各方价值主体的职责与权利。只有拥有清晰的职责和权利，才能使住宅产业生态价值链在进行价值创造与分配时的数据估计和计算拥有一定的参照对象。同时，在明确的职责和权利的指导下，联盟价值成员的工作职责与范围也得到了严格的规范和管理，进而其努力程度、承担的风险能力、绩效水平等方面也能够得到较客观的评价。

另一方面，住宅产业协会应加快行业标准制定，构建公平、公开沟通平台。在制定行业标准时，产业协会应该邀请住宅产业生态价值链上各个价值创造与价值分享主体（包括消费者）、相关的各个政府审批部门、金融机构以及相关技术领域的科研院所等来共同参与，制定并规范住宅产业生态价值链系统价值创造与分配机制运行中的一系列标准问题，尤其要重点处理好各个价值主体的资源共享问题、价值增值元素的界定、价值分配方案、各个价值创造环节的资源利用和废物排出问题以及房地产开发企业与其他价值主体的关系问题等，以使住宅产业生态价值链系统联盟的价值创造与分配在一个公正、透明、有序的环境下进行。

第三节　保证价值增值与分配的稳定性与动态性

通过价值增值来获取产业价值的合理分配是住宅产业生态价值链系统的联盟成员加入联盟的直接原因，因此住宅产业生态价值链系统价值增值与分配方案的公正性与稳定性是保障住宅产业生态价值链系统稳定发展的关键所在。因此，在一定的周期内，住宅产业生态价值链系统的价值分配方案不可随意变更，从而保障住宅产业价值链系统价值分配工作的顺利开展。当然，在保持分配方案稳定性的同时，为了充分发挥价值分配的正面激励作用，也要保持住宅产业生态价值链系统价值分配方案具有一定的柔性与动态性。比如，为了保证住宅产业生态价值链系统的优化升级，系统引进具有某种关键技术的价值主体时的操作价值分配，或者在当某个价值主体违反行业准则与规范时价值分配方案的调整等。

参考文献

艾根 M，舒斯特尔 P. 1990. 超循环论[M]. 曾国屏，沈小峰，译. 上海：上海译文出版社.

才华. 2006. 基于自组织理论的黑龙江省城市系统演化发展研究[D]. 哈尔滨：哈尔滨工程大学.

曹志伟. 2006. 房地产价值链中商机无限[J]. 房地产导刊，（11）：26.

陈秉正. 1990. 费用分摊问题与群决策方法[J]. 系统工程理论与实践，（5）：30-36.

陈华鹏. 2005. 基于循环经济的价值链改造研究[D]. 南京：南京航空航天大学.

陈柳钦. 2007. 论产业价值链[J]. 兰州商学院学报，（8）：57-63.

程海建. 2004. 万科战略管理的加减法及其启示[D]. 西安：西北大学.

戴建华，薛恒新. 2004. 基于 Shapley 值法的动态联盟伙伴企业利益分配策略[J]. 中国管理科学，
  （6）：33-36.

戴宪法. 2011. 从生态价值链思考企业的发展模式[J]. 中国邮政，（1）：50.

邓卫，宋扬. 2008. 住宅经济学[M]. 北京：清华大学出版社.

邓作勇. 2009.循环经济发展模式中的价值增值和价值补偿[J]. 现代经济，（3）：19-20，37.

杜义飞，李仕明. 2004. 产业价值链：价值战略的创新形式[J]. 科学学研究，（10）：552-556.

杜义飞. 2005. 基于价值创造与分配的产业价值链研究[D]. 成都：电子科技大学.

范柏乃. 2004. 城市技术创新透视[M]. 北京：机械工业出版社.

范云翠. 2009. 电信产业价值链主体的合作竞争机制研究[D]. 长春：吉林大学.

冯梓洋. 2009. 基于顾客价值的房地产价值链及价值创造研究[D]. 长春：吉林大学.

高鸿业. 2010. 西方经济学：宏观部分[M]. 5 版. 北京：中国人民大学出版社.

葛扬，王棋. 2004. 循环经济持续发展的价值链机制[J]. 城市环境与城市生态，（5）：21-23.

郭敏，王红卫. 2002. 合作性供应链的协调和激励机制研究[J]. 系统工程，20（4）：50-53.

郭志文. 2000. 行业价值链透视与企业业务战略选择[J]. 经济师，（12）：3-7.

哈肯 H. 2013. 协同学：大自然构成的奥秘[M]. 凌复华，译. 上海：上海译文出版社.

韩红丽. 2012. 基于产业升级的房地产业价值链研究[D]. 西安：西安建筑科技大学.

韩跃，孙勇. 2006. 论房地产企业价值链的构建[J]. 山东财政学院学报，（5）：80-82.

郝海，踪家峰. 2007. 系统分析与评价方法[M]. 北京：经济科学出版社：99-100.

胡沈健. 2006. 住宅装修产业化模式研究[D]. 上海：同济大学.

胡挺，周敏坚. 2007. 房地产产业生态的价值创造及其优化机制[J]. 求索，（1）：4-7，221.

胡挺. 2006. 房地产产业生态：动力机制与路径选择[J]. 现代管理科学，（9）：66-69.

胡挺. 2007. 房地产的产业生态管理——一个简单框架[J]. 经济管理，（1）：67-71.

胡挺. 2011. 房地产产业生态及其竞争战略选择[J]. 房地产开发，（5）：67-73.

黄树辉. 2009. 万科：以低碳建筑引领行业[R]. 第一财经日报.

兰峰，等. 2008. 房地产开发与经营[M]. 北京：中国建筑工业出版社.

李德智. 2011. 房地产业生态化及其在我国的实现[J]. 东南大学学报（哲学社会科学版），（7）：
  78-81.

李海莉. 2009. 基于客户价值的移动商务价值网价值促生机制研究[D]. 长春：吉林大学.

李慧迎. 2011. 构建虚拟学习社区的超循环理论观[J]. 中国电化教育，（10）：59-63.

李求军. 2008. 房地产开发：从"香港模式"到"美国模式"[J]. 中国房地产，（8）：50-51.

李一凡. 2010. 尊重与反思：绿色潮流中的万科[R]. 第一财经日报.

廖成林，孙洪杰. 2003. 均势供应链及其利润分配机制探讨[J]. 管理工程学报，17（4）：83-85.

林颖翀. 2005. 企业并购财务协同效应问题研究[D]. 福州：福州大学.

刘建香. 2006. 超循环理论在供应链联盟中的应用[J]. 商讯商业经济文荟，（3）：26-28.

刘美霞，武洁青，刘洪娥. 2009. 住宅产业循环经济[J]. 再生资源与循环经济，（10）：22-27，41.

刘少瑜，苟中华，张智栋. 2009. 香港绿色建筑发展经验总结[J]. 建筑学报，（31）：71-73.

刘晓君. 2008. 技术经济学[M]. 北京：科学出版社.

刘志峰. 2010. 发展低碳经济、改变生产方式[R]. 2010年中国房地产和住宅产业高峰论坛.

马志鹏. 2003. 合作对策模型下的投资分摊问题研究[D]. 南京：河海大学.

孟琦. 2007. 战略联盟竞争优势获取的协同机制研究[D]. 哈尔滨：哈尔滨工程大学.

慕银平，唐小我，马永开. 2003. 存在外部垄断市场的中间产品转移定价研究[J]. 系统工程理论与实践，（7）：44-49.

倪纂. 2010. 房地产业生态系统及其健康评价体系研究——以重庆市为例[D]. 重庆：西南大学.

潘承云. 2001. 解读产业价值链——兼析我国新兴产业价值链的基本特征[J]. 当代财经，（9）：7-15.

潘璐. 2008. 中国住宅产业化面临的障碍性问题分析和对策研究[D]. 重庆：重庆大学.

潘祥武，张德贤，王琪. 2002. 生态管理：传统项目管理应对挑战的新选择[J]. 管理现代化，（5）：39-43.

彭秀丽. 2008. 空间循环系统的区域经济价值链模式[J]. 求索，（1）：32-34.

乔凤羽. 2007. 房地产业供应链管理研究[D]. 北京：北京交通大学.

任肖嫦. 2008. 基于循环经济的产业价值链运行机制研究[J]. 农村经济与科技，（19）：41-42.

芮明杰. 2005. 产业经济学[M]. 上海：上海财经大学出版社.

沈洪溥. 2005. 中国房地产业的结构矛盾和价值链优化[J]. 重庆社会科学，（11）：40-44，60.

孙大鹏，赵全超. 2007. 企业集团协同效应创造机制与战略并购经济条件研究[J]. 科技进步与对策，（6）：94-96.

孙平. 2007. 房地产企业核心能力研究[D]. 哈尔滨：哈尔滨工业大学.

唐小我. 2002. 无外部市场条件下中间产品转移价格的研究[J]. 管理科学学报，5（1）：12-18.

王朝全，杨霞. 2008. 论循环经济的动力机制——德国经验及其对中国的启示[J]. 科学管理研究，（3）：116-117.

王俊. 2009. 长春市房地产业生态环境研究[D]. 长春：东北师范大学.

王宁. 2007. 住宅产业循环经济发展研究[J]. 北方经济，（3）：18-19.

王如松. 2003. 资源、环境与产业转型的复合生态管理[J]. 系统工程理论与实践，（2）：125-132，138.

王效俐，安宁. 2003. 商品流通渠道利润最大化模型及利润分配策略的确定[J]. 系统工程，22（6）：32-35.

王宇. 2002. 论房地产企业的核心竞争力[J]. 经济体制改革，（5）：217-219.

王之文. 2010. 对我国住宅产业化发展的思考[J]. 吉林省经济管理干部学院学报，（3）：10-13.

吴冬梅. 2008. 城市居住区湖景生态价值研究——以南京市莫愁湖为例[D]. 南京：南京农业大学.

吴凯波. 2010. 全装修住宅建设思考[J]. 住宅产业，（8）：71-73.

吴彤. 2001. 自组织方法论研究[M]. 北京：清华大学出版社.

肖振红. 2007. 基于协同效应的并购目标企业选择研究[D]. 哈尔滨：哈尔滨工业大学.

谢恩，李垣. 2003. 基于资源观点联盟中价值创造研究综述[J]. 管理科学学报，6（1）：81-86.

闫文周，顾连胜. 2004. 熵权决策法在工程评标中的应用[J]. 西安建筑科技大学学报（自然科学版），（3）：98-100.

颜歆. 2010. 推进我国住宅产业化发展的策略研究[D]. 重庆：重庆大学.

羊卫辉. 2010. 商业地产中地产与零售企业间的协同效应研究[D]. 广州：暨南大学.

尹美群. 2008. 价值链与价值评估[M]. 北京：中国人民大学出版社.

于华. 2007. 基于超循环理论的组织学习研究[D]. 哈尔滨：哈尔滨工业大学.

喻宏伟，齐振宏，徐为. 2007. 基于生态价值链视角的企业竞争优势探析[J]. 山东财政学院学报（双月刊），（5）：78-81.

张川. 2007. 产业价值链视角下的我国标准化战略研究[D]. 长沙：湖南大学.

张福利. 2003. 无外部市场条件下中间产品转移价格的博弈分析与决策[J]. 中国管理科学，11（3）：46-50.

张晓楠. 2009. 基于 CWM 的住宅业可持续发展评价研究[D]. 大连：大连理工大学.

张则强，程文明，吴晓，等. 2006. 循环经济的价值增值与超循环理论[J]. 科技进步与对策，（3）：45-47.

赵春雨. 2009. 循环经济价值链模型及绩效评价[J]. 商业研究，（10）：53-55.

赵金怀. 2006. 基于循环经济的住宅产业可持续发展研究[D]. 西安：西安建筑科技大学.

郑霖，马士华. 2001. 供应链是价值链的一种表现形式[J]. 价值工程，（9）：9-12.

中国房产信息集团，克而瑞（中国）信息技术有限公司. 2011. 低碳地产先锋——实战模式与绿色项目解码[M]. 北京：中国建筑工业出版社.

中国房地产估价师与房地产经纪人学会. 2008. 房地产开发与经营[M]. 北京：中国建筑工业出版社.

钟德强，仲伟俊. 2004. 基于获取决策优先权的零售商战略联盟效益分析[J]. 中国管理科学，12（1）：57-63.

周庆竑. 2010. 万科集团发展战略研究[D]. 北京：北京交通大学.

周文宗，刘金娥，左平，等. 2005. 生态产业与产业生态学[M]. 北京：化学工业出版社.

左晓利. 2010. 基于区域差异的产业生态化路径选择研究[D]. 天津：南开大学.

Allenby B R，Richards D J. 1969. The greening of industrial ecosystems[J]. Fuel & Energy Abstracts，36（5）：371.

Ansoff H I. 1965. Corporation Strategy [M]. New York：Mc Graw-Hill Book Company.

Bailey R，Allen J K，Bras B. 2004. Applying ecological input-output flow analysis to material flows in industrial systems：Part I：Tracing flows[J]. Journal of Industrial Ecology，8（1/2）：69-91.

Bak P，Tang C，Wiesenfeld K. 1990. Self-organized criticality[J]. Physica a Statistical Mechanics & Its Applications，163（1）：403-409.

Balazs N L. 1989. Book review：Information and self-organization：A macroscopic approach to complex systems[J]. American Journal of Physics，57（2）：958-959.

Barney J. 1991. Firm resources and sustained competitive advantage [J]. Journal of Management，17（1）：99-120.

Barratt M. 2004. Understanding the meaning of collaboration in the supply chain[J]. Supply Chain Management，9（1）：30-42.

Batabyal A A. 1999. Species substitutability, resilience, and the optimal management of ecological-economic systems [J]. Mathematical & Computer Modelling, 29 (2): 35-43.

Baumann H, Boons F, Bragd A. 2002. Mapping the green product development field: Engineering, policy and business perspectives[J]. Journal of Cleaner Production, 10 (5): 409-425.

Brandenburger A, Stuart H W. 1996. Value-based business srtategy [J]. Journal of Economics and Management Strategy, 5: 5-24.

Cachon G, Lariviere M A. 2005. Supply chain coordination with revenue sharing contracts: Strengths and limitations[J]. Management Science, 51: 30-44.

Charles J, Kibert C J. 2008. Sustainable Construction: Green Building Design and Delivery[M]. Manhattan: John Wiley & Sons, Inc. .

Chatterjee S. 1987. Types of synergy and economic value: The impact of acquisitions on mergering and rival firms[J]. Strategy Management Journal, (7): 119-139.

Collis D, Montgomery C A. 1998. Corporate Strategy: A Resource Based Approach [M]. Boston: Irwin McGarw-Hill.

Commoner B. 1997. The relation between industrial and ecological systems[J]. Journal of Cleaner Production, 5 (5): 125-129.

Ehrenfeld J, Gertler N. 1997. Industrial ecology in practice: The evolution of interdependence at Kalundborg[J]. Journal of Industrial Ecology, 1 (1): 67-79.

Friedman D. 1991. Evolutionary games in economics [J]. Econometrica, (59): 637-666.

Gunther O. 2000. Teaching system dynamics and systems thinking in Austria and Germany [C]. System Dynamics 2000 Conference in Bergen, Norway.

Hakansson H. 1987. Industrial Technological Development A Network Approach [M]. London: London Press.

Heaney J P, Dickinson R E. 1982. Methods for apportioning the cost of a water resource project[J]. Water Resources, 18 (3): 476-482.

Ichiishi T. 1983. Game Theory for Economic Analysis[M]. Pittsburgh: Academic Press.

Korhonen J. 2004. Industrial ecology in the strategic sustainable development model: Strategic applications of industrial ecology[J]. Journal of Cleaner Production, 12 (8): 809-823.

Laan G V D, Talman D, Yang Z. 1998. Cooperative games in permutational structure[J]. Economic Theory, 11 (2): 427-442.

Lariviere M A. 1999. Supply chain contracting and coordination with stochastic demand[M]// Quantitative Models for Supply Chain Management. New York: Springer US: 233-268.

Lilian B E V, Alessandra M. 2009. Eco-industrial park development in Rio de Janeiro, Brazil: A tool for sustainable development [J]. Journal of Cleaner Production, (7): 653-661.

Lippman S A, Rumelt R P. 2003a. A bargaining perspective on resource advantage [J]. Strategic Management Journal, 24: 1069-1086.

Lippman S A, Rumelt R P. 2003b. The payments perspective: Micro-foundations of resource analysis [J]. Strategic Management Journal, 24: 903-927.

Makowski L, Ostroy J M. 1995. Appropriation and efficiency: A revision of the first theorem of welfare economics[J]. American Economic Review, 85: 808-827.

Makowski L，Ostroy J M. 2001. Perfect competition and the creativity of the market [J]. Journal of Economic Literature，39：479-535.

Myerson R B. 1976. Graphs and cooperation in games[J]. Mathematics of Operations Research，2（3）：225-229.

Ny H，Macdonald J P，Broman G，et al. 2006. Sustainability constraints as system boundaries：On approach to making life-cycle management strategic[J]. Journal of Industrial Ecology：69-77.

Owen G. 1982. Game Theory[M]. New York：Academic Press.

Paumgartten P V. 2003. The business case for high performance green buildings：Sustainability and its financial impact[J]. Journal of Facilities Management，2（1）：26-34.

Pavlikakis G E，Tsihrintzis V A. 2000. Ecosystem management：A review of a new concept and methodology[J]. Water Resources Management，14（4）：257-283.

Porter M E. 1985. Competitive Advantage[M]. New York：Free Press.

Richard N，Rafael R. 1993. From value chain to value constellation：Designing interactive strategy [J]. Harvard Business Review，71（4）：1620-1630.

Rumelt R. 1991. How much does industry matter? [J]. Strategic Management Journal，12（3）：167-185.

Saloner G A，Podolny J. 2001. Strategic Management [M]. New York：John Wiley & Son Inc.

Sankaran J K. 1991. On finding the nucleolus of an n-person cooperative game[J]. International Journal of Game Theory，19（4）：329-338.

Sharkey W W. 1982. Cooperative games with large cores[J]. International Journal of Game Theory，11（3/4）：175-182.

Tijs S H，Driessen T S H. 1986. Game theory and cost allocation problems[J]. Management Science，32（8）：1015-1028.

Zhang X J，Tao S. 2006. China's current real estate cycle and potential financial risks [J]. China & World Economy，（4）：57-74.